위대한 사상들

THE GREATEST MINDS
AND IDEAS OF ALL TIME

THE GREATEST MINDS AND IDEAS OF ALL TIME

by Will Durant

Compiled and Edited by John Little

WILL DURANT

위대한 사상들

윌 듀런트 · 김승욱 옮김

THE GREATEST MINDS
AND IDEAS OF ALL TIME

민음사

운이 좋은 사람이라면 죽기 전에 문명의 유산을 할 수 있는 한 많이 모아서 후손에게 전해 줄 것이다. 그래서 마지막 숨을 쉬는 순간, 절대 고갈되지 않을 이 유산이 우리를 살찌우는 어머니이자 우리의 영원한 생명임을 알고 감사할 것이다.

— 윌 듀런트

위에 인용한 윌 듀런트의 말을 마음에 새긴 채로, 나는 인류의 유산 중 최고봉들을 요약한 이 책을 모든 어린이들에게, 그리고 좀 더 사심을 끼워 넣어서 내 아이들 라일리, 테일러, 브랜든, 벤저민에게 바친다. 이 아이들이 인류의 고귀한 노고를 배우고 경험할 수 있기를, 그리고 위대한 일들을 해낼 수 있는 인간의 능력이 신들조차 부러워할 정도임을 알게 되기를.

손주들에게 이 책이라는 선물을 주기 위해 수십 년 동안 아주 열심히 애쓴 조부모님들을 둔 에드워드와 베니 이스턴에게도 이 책을 바친다.

— 존 리틀

일러두기

1 인·지명 및 고유 명사는 외래어 표기법을 따랐으며 일부 관례로 굳어진 것은 예외
   로 두었다.
2 본문에 사용된 문장 부호의 의미는 다음과 같다.
   『 』: 전집이나 총서 또는 단행본
   「 」: 단행본에 수록된 개별 작품 또는 음악, 미술 개별 작품
   《 》: 신문 또는 잡지
3 별표(*)는 옮긴이 주이다.

서문

1968년 퓰리처상을 수상한 지 얼마 되지 않았을 때, 윌 듀런트와 그의 아내 에어리얼은 캘리포니아주 로스앤젤레스의 자택에서 텔레비전 인터뷰에 응했다. 인터뷰에 나선 기자는 자신이 지식인이라는 환상에 빠져서 듀런트에게 다음과 같은 질문을 던졌다.

우리 세기(20세기)에 가장 많은 영향을 끼친 인물을 꼽는다면, 카를 마르크스일까요?

듀런트는 잠시 가만히 있다가 대답했다.

글쎄요, 가장 넓은 의미에서 본다면 가장 커다란 공은 기술적인 발명가들, 그러니까 에디슨 같은 사람들에게 돌려야 할 겁니다. 전기의 발전이 마르크스주의자들의 그 어떤 선전보다 세상을 훨씬 많이 바꿔 놓은 것은 의심의 여지가 없으니까요. 사상 측면에서 본다면, 다윈의 영향력이 마르크스의 영향력보다 크다고 보지만 두 사람은 서로 분야가 다르죠. 우리 시대의 기초를 이루는 현상은 공산주의가 아닙니다. 신앙의 쇠퇴죠. 이것이 도덕뿐만 아니라 정치에도 온갖 영향을 미칩니다. 정치적 도구로 쓰이던 종교가 오늘날 유럽에서는 더 이상 그런 역할을 하지 못해요. 정치적 결정 과정에 거의 영향을 미치지 못합니다. 500년 전에는 영향력 면에서 교황이 지상의 그 어떤 세속 지도자보다 월등했는데 말이에요.

인터뷰가 조금 더 진행된 뒤 기자는 다시 비슷한 질문을 던졌다.

듀런트 선생님, 『문명 이야기(The Story of Civilization)』에 나오는 모든 인물 중에 직접 아는 사이면 좋겠다는 마음이 가장 강하게 드는 사람은 누구입니까?

듀런트는 진지하게 생각해 본 뒤 표정을 드러내지 않고 대답했다. "퐁파두르 부인*입니다."

기자는 어이가 없어서 말문이 막혔다.

"왜요?" 하고 그가 물었다.

듀런트는 눈을 반짝이며 대답했다. "음, 아름답고 매력적이고 농염한 여자였으니까요. 달리 무엇을 원하겠습니까?"

내가 이 일화를 인용한 것은 단순히 발명가들과 생물학자들이 인류 역사에 미친 영향에 대한 듀런트의 생각을 밝히기 위해서도, 재치를 이용해 지나치게 진지한 기자들을 무장 해제시키던 그의 버릇을 밝히기 위해서도 아니다.(듀런트는 유머와 철학이 모두 인생에 대한 넓은 시야에서 나온 것이므로 서로 비슷하다고 말한 적이 있다.) 인류 역사 속의 인물들과 사건들이 지닌 의미에 대해 듀런트가 어떻게 생각하는지 사람들이 계속 질문했다는 걸 보여 주기 위해서다. 인터뷰 한 번에 질문을 두 번이나 받을 정도가 아닌가.

사람들이 듀런트에게 이런 질문을 던지는 것은 충분히 이해할 수 있는 일이다. 반세기 넘는 세월을 공부와 열한 권짜리 문명사 집필에 바친 사람이니, 사람들이 그가 내린 결론에

---

* 1721~1764, 뛰어난 미모와 재능으로 루이 15세의 총애를 받았다. 학문과 예술을 보호하고 디드로의 『백과전서』 편찬을 지원했다.

대해 알고 싶어 하는 것이 당연하다. 사람들은 어떤 시대, 어떤 사람, 어떤 성취가 그의 마음속에 가장 위대하거나 가장 의미 깊게 자리하고 있는지 궁금해할 것이다. 예를 들어, 듀런트가 작성한 사상계의 명예록에는 어떤 사람들이 인류 역사상 가장 위대한 사상가로 평가되어 있을까? 그가 꼽은 진정 위대한 시인들은 누구일까? 세상을 떠난 지 수백 년, 수천 년이 흐른 뒤에도 여전히 사람들의 심금을 울리는 시인들이 누구일까? 의미 있고 유용한 교육을 위해 반드시 읽어야 하는 최고의 책은 무엇일까?

뉴런트는 이처럼 고명한 학자의 평가를 원하는 대중의 요구가 점점 강해지자 펜을 들어 일련의 에세이를 썼다. 자신이 개인적으로 정리한 '가장 위대한 사상가 열 명', '가장 위대한 시인 열 명', '교육을 위한 최고의 책 100권', '인류 진보의 최고봉 열 가지', '세계사의 결정적인 연도 열두 가지'에 대한 에세이였다. 일부는 정기 간행물에 발표되었고, 일부는 의자 없이 서서 듣는 강연에서 소개되었다. 하지만 우연히 해당 정기 간행물을 구입하거나 강연에 참석하는 행운을 누린 사람들이 아니라면 그가 어떤 결론을 내렸는지 알 수 없었을 것이다. 따라서 이 에세이들이 모두 『위대한 사상들』이라는 책으로 묶여 나온 것은 다행한 일이다.

순위 결정 시스템을 만들어서 인류의 성취라는 광범위한

분야에 적용하는 것은 확실히 힘든 일이지만, 듀런트는 언제나 그랬듯이 눈부신 성공을 이루었다. 그는 자신이 결정한 순위에 대한 압도적인 증거를 제시할 뿐만 아니라, 독자들을 자극해서 스스로 결론을 내리고 지금의 주위 환경과 문화를 넘어 시대를 초월한 영역까지 바라보게 만든다. 듀런트는 이 영역을 '정신의 나라'라고 부르는데, 이곳은 인류의 영웅들이 각자 맡은 임무를 다한 뒤 물러나 살고 있는, 뇌 속의 은퇴자 요양원 같은 곳이다. 이곳에서 인간은 찬양의 대상이다. 이 책 1장의 제목인 '뻔뻔한 영웅 숭배'가 바로 주제를 확실히 보여 준다.

　듀런트의 모든 저서 중 특히 『위대한 사상들』에서 울려 나오는 철학은 뻔뻔스러울 정도로 '친(親)인간적'이며 우리의 지적 유산과 예술적 유산이 얼마나 찬란한지 강조하는 역할을 한다. 사실 듀런트는 항상 인류사와 여러 사건들 속에 담긴 긍정적인 성취를 사람들에게 전하려고 애썼기 때문에 '점잖은 철학자'나 '급진적인 성자'로 불렸다. 간단히 말해 듀런트는 인류사의 위대한 최고봉들에 펜으로 빛을 비추는 방법을 택한 것이다.

　『위대한 사상들』은 후세를 위해 전해진 인류의 유산 중 절대적으로 최고의 것들을 담고 있다. 게다가 듀런트의 유명한 박식함과 재치, 심오하기 짝이 없는 사건들과 사상들을 단순하고 짜릿하게 설명하는 독특한 능력까지 가득하다. 이 책은 월 듀런트의 글에 대한 훌륭한 소개장 역할을 할 뿐만 아니라, 일종의 요약본, 천재성의 정량화, 인류사라는 풍경 속에서 '반드시 보아야 하는 곳들'에 대한 여행 안내서 역할도 한다.

여러 면에서 이 책은 듀런트의『역사 속의 영웅들(*Heroes of History*)』과 논리적으로 훌륭한 짝을 이룬다. 무엇보다 눈에 띄는 것은『역사 속의 영웅들』이 100세기가 넘는 세월에 걸친 인류의 성취를 개괄적으로 다룬 반면,『위대한 사상들』에는 그 성취에 대한 듀런트의 개인적 평가가 담겨 있다는 점이다. 세나가 이 책에는 원래『역사 속의 영웅들』에 포함시킬 예정이었지만 1981년 듀런트의 죽음으로 절정에 달한 일련의 개인적인 재난들로 인해 책에서 빠진(사실 듀런트는 마지막 저서인『역사 속의 영웅들』의 마지막 두 장(章)을 끝내 쓰지 못했다.) 세 사람(다윈, 키츠, 휘트먼)의 프로필이 포함되어 있다.

때로 시의 경지까지 솟아오르는 산문을 보여 주는『위대한 사상들』은 '최고 중의 최고'로 이루어진 세계로 들어오라는 듀런트의 오랜 초대장의 연장선상에 놓여 있다. 이 책을 수단으로 삼아 우리는 천재들을 알아보고 그들과 친구가 될 수 있다. 이런 작업의 열매는 언젠가 듀런트가 말한 것처럼 아주 풍성하다.

예전보다 좀 더 섬세해지지 않는다면, 모든 천재들의 천상에서 오래 살 수 없다. 그곳에서 청춘의 매서운 망상을 볼 수는 없겠지만, 오래 지속되는 부드러운 행복을 알게 될 것이다. 세월도 우리에게서 모든 것을 앗아 가기 전에는 그 심오한 기쁨을 빼앗아 갈 수 없다.

존 리틀(엮은이)

차례

1

뻔뻔한 영웅 숭배

청춘 시절에 중년의 싸늘한 풍경 속에서는 볼 수 없는 빛과 의미를 인생에 부여해 준 수많은 이상 중에서 적어도 한 가지는 지금도 내게 그때만큼이나 밝고 만족스럽게 남아 있다. 바로 뻔뻔한 영웅 숭배. 모든 것을 평준화하고 아무것도 우러러보지 않는 시대에 나는 빅토리아 시대 사람인 토머스 칼라일과 같은 자리에 서서, 플라톤의 그림 앞에 선 조반니 미란돌라*처럼 위인들의 신전에서 촛불을 켠다.

내가 '뻔뻔하다'는 말을 쓴 것은, 현실에서든 역사 속에서

---

* 1463~1494, 르네상스 시대 이탈리아 철학자.

든 우리 자신보다 더 고결한 천재를 인정하는 것이 요즘 얼마나 유행에 뒤떨어진 일인지 알기 때문이다. 우리가 신봉하는 민주주의는 모든 유권자들뿐만 아니라 지도자들도 평준화했다. 우리는 현존하는 천재들이 기껏해야 평범한 사람에 지나지 않으며, 이미 죽은 천재들은 신화일 뿐임을 증명하며 기뻐한다. 역사가 허버트 조지 웰스의 말이 옳다면, 카이사르는 멍텅구리였고 나폴레옹은 바보였다. 자화자찬은 예의에 어긋나는 일이므로, 우리는 지상의 위인들이 얼마나 열등한 인간인지 넌지시 암시함으로써 자화자찬과 같은 효과를 얻는다. 어쩌면 몇몇 사람에게 그것은 고상하고 무자비한 금욕과 같은 건지도 모른다. 그런 금욕은 과거의 신들이 다시 돌아와 우리에게 겁주지 않도록, 숭배와 동경의 마지막 흔적을 우리 가슴에서 뿌리 뽑아 줄 것이다.

한편 나는 마지막 종교에 매달려 그 안에서 젊은 날의 헌신적인 무아경에서 누렸던 것보다 더 오래가는 만족감과 자극을 얻고 있다. 인도의 시인 라빈드라나드 타고르에게 오래 전 그의 동포들이 준 구루데바(존경하는 스승)라는 칭호가 얼마나 자연스럽게 어울리던지. 우리는 왜 폭포와 산꼭대기와 조용한 바다를 비추는 여름의 달 앞에서는 경외를 느끼면서 최고의 기적, 즉 위대함과 선함을 동시에 갖춘 사람 앞에서는 그러지 못한가? 이 세상의 많은 사람들은 그저 재능 있는 존재들, 인생이라는 연극에 등장하는 영리한 아이들에 불과하다. 따라서 천재가 나타나면 우리는 그 앞에서 허리 숙여 절할 수밖에 없다. 신의 창조가 지금도 지속되고 있음을 그의 존재가 보여 주기 때문이다. 그런 사람들이야말로 역사의 생명수이며, 거기에 비하면 정치와 산업은 골격에 지나지 않는다.

제임스 하비 로빈슨*이 우리의 지식을 인간화하자고 목소리를 높였을 때 우리를 괴롭히던 건조한 스콜라주의는 부분적으로 역사를 숫자와 '사실'의 무미건조한 흐름으로 보는 개념에서 기인했다. 여기서 천재의 역할은 워낙 하잘것없었기 때문에 모두 역사적으로 그들을 무시하는 것을 자랑으로 삼았다.

이런 역사관에 누구보다 중대한 영향을 미친 사람은 바로 카를 마르크스다. 이 역사관은 예외적으로 뛰어난 사람을 불신하고, 우월한 재능을 시기하고, 비천한 사람들을 이 세상의 상속자로 떠받드는 시각과 연결되었다. 결국 사람들은 역사가 실제로 현실 속에 존재하지 않았던 것처럼, 극적인 일이 전혀 일어나지 않았던 것처럼 역사를 쓰기 시작했다. 투쟁하는 인간이나 좌절하는 인간의 희극과 비극은 역사 속에 존재

---

* 1863~1936, 미국의 역사학자. 정치적 사건들뿐만 아니라 인류의 지적 발전과 사회 발전도 역사에 포함시켜야 한다는 '신(新)역사'를 강조했다.

하지 않았다. 에드워드 기번과 이폴리트 텐*의 생생한 묘사가 물러난 자리에 서로 아무런 상관이 없는 지식만 잿더미처럼 쌓였다. 모든 사실이 정확히 기록되었지만, 모두 죽어 있었다.

인류의 진짜 역사는 물가나 임금 속에도, 선거와 투쟁 속에도 있지 않다. 심지어 평범한 사람들의 대의 속에도 없다. 진짜 역사는 인류 문명과 문화의 총합에 천재들이 기여한 영원한 업적 속에 있다. 이런 말을 해도 예의에 어긋나지 않는다면, 프랑스의 역사는 프랑스 인민의 역사가 아니다. 땅을 갈고, 신발을 수리하고, 천을 재단하고, 행상을 하던 무명의 남녀가 일군 역사가 아니라는 뜻이다. 사람들은 어디서나 항상 이런 일들을 하기 때문이다.

프랑스 역사는 그 나라의 뛰어난 사람들, 발명가, 과학자, 정치가, 시인, 화가, 음악가, 철학자, 성자의 기록이다. 그들이 프랑스 국민들과 인류의 기술과 지혜, 예술과 품위에 기여한 기록이기도 하다. 모든 나라가 그렇고, 세계가 그렇다. 세계사는 마땅히 위대한 사람들의 역사다. 그 밖의 사람들은 그들이 우리보다 조금 더 나은 종족을 만들어 낼 수 있도록, 그들의 손에서 기꺼이 그들의 뜻을 따르는 벽돌과 모르타르가

---

* 1828~1893, 프랑스의 문예 비평가, 역사가, 철학자.

아니라면 무엇일까? 따라서 나는 역사를 정치와 살육의 삭막한 풍경이 아니라, 인류가 천재들을 통해서 물질의 고집스러운 관성이나 정신의 당혹스러운 수수께끼와 씨름하는 과정이라고 본다. 그것은 인류와 이 세상을 이해하고 통제해서 탈바꿈시키기 위한 씨름이다.

지식의 가장자리에 서서 불빛을 조금 앞쪽으로 내밀고 있는 사람들이 보인다. 사람들을 고상하게 만들어 주는 형상을 대리석으로 조각하는 사람들이 보인다. 사람들을 위대한 자의 더 훌륭한 도구로 만드는 사람들이 보인다. 언어에서 음악을 만들고, 음악의 언어를 만들어 내는 사람들이 보인다. 더 훌륭한 삶을 꿈꾸고, 실제로 그런 삶을 살아가는 사람들이 보인다. 그 어떤 신화에 나오는 것보다 더 생생한 창조가 여기서 이루어지고 있다. 그 어떤 교의보다 더 생생한 경건함이 여기에 있다.

그런 사람들을 찬찬히 살피고, 공부를 통해 우리 자신을 그들의 겸손한 제자로 살살 다듬고, 그들이 일하는 모습을 지켜보고, 그들을 태우는 불로 우리의 몸을 덥히는 것, 이것이야말로 우리가 젊은 시절 제단 앞이나 고해소에서 하느님을 직접 접하거나 신의 목소리를 듣는다고 생각했을 때 느꼈던 전율을 일부나마 다시 느낄 수 있는 방법이다. 그 꿈 많은 청년 시절에 우리는 삶이 사악하다고, 죽음만이 우리를 낙원으로 인도한다고 믿었다. 하지만 우리가 틀렸다. 지금 살아 있는 우리도 낙원에 들어갈 수 있다. 모든 위대한 책, 비밀을 알려 주는 모든 예술 작품, 모든 헌신적인 삶의 기록은 이상 향의 문을 열어 주는 주문이다. 우리는 희망과 숭배의 불꽃 을 너무 일찍 꺼 버렸다.

이제 성상을 바꾸고 다시 초에 불을 켜자.

2

위대한 사상가 10

생각이란 무엇인가? 생각을 쉽게 설명할 수 없는 것은, 생각을 정의하는 수단이 될 수 있는 모든 것이 생각 속에 포함되어 있기 때문이다. 생각은 우리가 가장 직접적으로 알고 있는 현상이며, 우리 존재의 마지막 수수께끼다. 다른 모든 것이 생각이라는 형태로 우리에게 다가온다. 인류가 이룬 모든 업적의 원천과 목표도 생각 속에 있다. 생각의 등장은 진화라는 드라마에서 위대한 전환점이었다.

이 기적이 언제 시작되었을까? 아마 극지방에서 거대한 얼음 덩어리들이 가차 없이 내려와 공기를 싸늘하게 얼리고, 거의 모든 곳의 식물들을 파괴하고, 새로운 환경에 적응하지 못한 무기력한 동물들을 헤아릴 수 없을 만큼 없애 버리고, 살아남은 소수의 동물들을 좁은 열대 지방으로 밀어낼 때였을 것이다. 동물들은 몇 세대가 지날 때까지 적도 지방에 들러붙어 북극의 분노가 녹아내리기를 기다렸다. 아마 그 혹독하던 시절, 침략군 같은 얼음 덩어리들이 과거 생명체들에게 익숙하던 방식들을 모두 무(無)로 돌린 그때, 모든 것이 변해 버린 환경 속에서 조상들에게 물려받은 전통적인 행동 유형이 전혀 먹히지 않던 그때, 비교적 완전하지만 경직된 본능을 지니고 있던 동물들이 외부의 변화에 걸맞은 내부의 변화를 일구어 내지 못하고 걸러졌을 것이다. 반면 우리가 인간이라 부르는 동물들은 불안정한 유연성을 갖춘 덕분에 새로운 깨우침을 얻어서 숲과 벌판의 모든 생물 위에 무조건적으로 군림하는 자리에 올랐다.

아마도 이렇게 생과 사가 오가는 위급한 상황에서 인류의 추론 능력이 생겨났을 것이다. 우리가 오늘날 아기들에게서 볼 수 있는 바로 그 불완전성과 타고난 적응력, 처음에 다른 동물들의 새끼보다 열등하게 태어나는 대신 학습의 가능성을 열어 주는 바로 그 유연성이 인류와 고등 포유류를 구했다. 반면 매머드나 마스토돈*처럼 그때까지 지고의 존재로

---

* 제3기 중기에 번성하던 멸종 코끼리류.

군림하던 강력한 생물들은 빙하의 움직임에 무릎을 꿇고, 원시 시대에 대한 호기심을 충족시키는 단순한 구경거리로 전락했다. 그들은 추위에 부들부들 떨다가 스러졌지만, 콩알만 한 인간들은 살아남았다. 그리고 생각과 발명이 시작되었다.

당혹스러운 상황에 부닥친 본능은 처음으로 조심스러운 가설들을 생각해 냈다. 알고 있는 사실들을 처음으로 조심조심 꿰어 맞추고, 처음으로 일반화를 시도하고, 비슷한 성질들과 현상의 규칙성을 처음으로 애써 연구하고, 본능적이고 즉각적인 반응이 완전히 깨어져 철저히 실패할 만큼 전대미문의 상황에 그동안 배운 것들을 처음으로 적응시켰다. 바로 그때, 우리를 행동에 나서게 하는 몇 가지 본능이 여러 종류의 생각과 지능의 도구로 발전했다. 사냥감을 주의 깊게 지켜보며 때를 기다리거나 뒤를 밟던 행동이 주의력을 낳았고, 두려움을 느끼고 도주하던 행동은 조심성과 신중함을 낳았으며, 호전적인 공격 행동은 호기심과 분석 능력을 낳았고, 주변 환경을 조작하려는 시도는 실험을 낳았다. 그리고 동물이 똑바로 일어서서 사람이 되었다. 아직도 그를 구속하는 상황들이 헤아릴 수 없이 많고, 수많은 위험 앞에서 그는 아주 조금 용감해졌을 뿐이지만 그렇게 불안불안한 모습이라도 그는 이후 지상의 지배자가 될 운명이었다.

인간 이성의 모험

그 모호한 시대로부터 지금 이곳의 우리에게 이르기까지 문명의 역사는 인간 이성의 모험이었다. 발전의 사다리를 한 발 한 발 오를 때마다, 서서히 조심스럽게 더 많은 힘과 더 고상한 삶을 향해 우리를 밀어 올린 것은 생각이었다. 만약 역사를 결정하는 것이 생각이 아니라면, 대신 꼽을 수 있는 것은 발명이다. 그런데 발명을 결정하는 것이 바로 생각이다. 우리를 들쑤셔서 생각하게 만드는 것은 확실히 욕망, 도무지 충족할 줄 모르고 잠시도 가만히 있지 못하는 우리의 욕구다. 하지만 아무리 의욕이 넘치더라도, 길을 찾아내는 것은 결국 생각이다. 그렇다면 칼라일과 니체처럼 역사를 위인들의 관점에서 해석한 영웅 숭배파, 그리고 허버트 스펜서와 마르크스처럼 역사적 사건들을 배후에서 조종하는 것은 언제나 경제적 원인뿐이라고 생각하는 영웅 경멸파 사이의 오랜 논쟁을 굳이 해결할 필요가 없다. 그 어떤 경제적 압박이 있었다 해도, 생각이라는 불꽃이 환하게 빛나며 끼어들지 않았다면 인류가 앞으로 나아가는 데 충분하지 않았을 것이라고 확신해도 좋다.

어쩌면 장 타르드*와 윌리엄 제임스**가 옳은 건지도 모른다. 그들은 모든 역사가 천재들이 발명한 것을 사람들이 관습으로 바꿔 버리는 과정의 연속이라고 본다. 모험적인 지도자들이 솔선해서 뭔가를 이루어 내면, 대중이 그것을 흉내 내면서 널리 퍼뜨리는 일이 연속적으로 이어진다는 것이다. 모든 시대의 시초와 절정기에는 반드시 몇몇 영웅적인 천재들이 서 있다. 그들은 자기 시대의 목소리이자 지표이며, 과거의 상속자이자 해석자이고, 미래를 향한 안내인이자 선구자다. 만약 우리가 문명이 펼쳐진 모든 시대에서 당대의 생각을 지배하고 대표한 인물을 찾아낼 수 있다면, 우리 역사의 살아 있는 파노라마를 보게 될 것이다. 하지만 막상 이 드라마의 중심이 될 이 인물들을 고르려 하면 10여 가지 어려움들이 우리의 기세를 꺾는다. 위대함을 어떻게 시험할 것인가? 천재들의 목록에서 누구를 제외하고 누구를 포함시켜야 하나?

평가 기준

글쎄, 여기서는 가차 없고 교조적으로 굴기로 하자. 비록 가슴 아픈 일이지만, 우리는 아무리 명석하고 심오한 생각을

---

* 1843~1904, 프랑스의 사회학자이자 범죄학자.
** 1842~1910, 미국의 철학자이자 심리학자.

했더라도 인류에게 지속적인 영향을 미치지 못한 영웅들은 명단에 받아들이지 않을 것이다. 이 명단에는 반드시 최고의 사람들만 포함되어야 한다. 우리는 생각의 독창성과 범위, 진실성과 깊이를 고려할 것이다. 하지만 무엇보다 고려해야 할 것은 그 사상가가 인류의 삶과 정신에 미친 영향력의 강도와 내구성이다. 그래야만 우리가 편견을 억제하고, 그럭저럭 공평무사한 명단을 작성할 수 있을 것이다.

그렇다면 우선 '사상가'를 어떻게 정의할 수 있을까? 아마도 이 단어에는 철학자와 학자가 포함될 것이다. 하지만 그뿐일까? 에우리피데스, 루크레티우스, 단테, 레오나르도 다빈치, 셰익스피어, 괴테도 포함시킬까? 아니, 우리는 이 위대한 이름들 앞에서 겸허히 절을 올린 다음, 그들의 생각이 지닌 범위와 깊이에도 불구하고 그들을 그저 이차적인 사상가로 분류할 것이다. 그들은 무엇보다 예술가였다. 그러면 예수, 부처, 아우구스티누스, 루터처럼 엄청난 영향을 미친 지도자들을 명단에 포함시킬까? 아니, 종교를 창시하거나 개혁한 이 사람들은 우리의 조건과 중복될 것이다. 그들이 한미한 곳에서부터 세상을 움직일 수 있었던 것은 생각이나 이성 덕분이 아니라 감정과 숭고한 열정, 신비로운 통찰력과 굳건한 믿음 덕분이었다. 그러면 페리클레스, 알렉산드로스,* 카이사르, 샤를마뉴, 크롬웰, 나폴레옹, 링컨처럼 행동에 나서서 역사의 길에서 이름을 떨친 위인들을 우리의 10인 위원회에 받아들일까? 아니, 만약 우리가 '사상가'라는 말을 확장시켜서 이런 영웅들까지 그물에 넣는다면 이 단어에서 독특한 의미를 빼앗는 꼴이 될 것이며, 생각의 의미를 제대로 잡아내지 못할 것이다. 그러니 사상가의 명단에는 반드시 철학자와 학자만 포함시켜야 한다. 우리는 행동이나 열정이 아니라 생각을 통해 인류에게 가장 큰 영향을 미친 사람들을 찾을 것이다. 광란하는 군중으로부터 멀리 떨어진 조용한 곳에서, 위대한 생각이 "비둘기의 발자국처럼" 그들을 찾아온 궁벽한 곳에서, 그들이 마치 무아지경에 빠진 것처럼 진실의 얼굴을 순간적으로 보았던 곳에서 그들을 찾을 것이다. 그러면 가장 먼저 누구를 찾을까?

1 공자(B.C.552?~B.C.478?)

곧바로 우리 마음속에서 회의와 논박이 시작된다. 공자를 명단에 포함시키면서 부처와 그리스도를 제외한 기준이 무엇인가? 유일한 기준은 이것이다. 공자는 신앙을 설파한 사람이라기보다 도덕 철학자였으며, 숭고한 삶에 대한 그의 가르침에 바탕이 된 것은 초자연적인 기원보다 세속적인 동기였

---

* 알렉산더 대왕.

고, 그는 예수보다 소크라테스를 훨씬 더 많이 닮았다는 것.

찬란한 힘을 행사하던 중국이 군웅할거와 분쟁 속으로 빠져든 혼란의 시대(기원전 552년)에 태어난 공부자(孔夫子)는 조국을 건강하고 질서 있는 상태로 되돌려 놓으려고 나섰다. 어떻게? 그의 말을 들어 보자.

이 세상 최고의 덕을 분명히 밝혀 널리 퍼뜨리고자 했던 고대의 뛰어난 자들은 먼저 나라를 안정시켰다. 나라를 안정시키기 전에 먼저 집안을 다스렸고, 집안을 다스리기 이전에 자신을 갈고 닦았다. 자신을 갈고 닦기 이전에는 영혼을 완전하게 다듬었고, 영혼을 다듬기 전에 생각을 진실하게 하려고 애썼으며, 생각을 진실하게 하기 전에는 자신이 지닌 지식의 한계까지 손을 뻗었다. 이런 지식의 탐구는 사물에 대한 탐구로, 그리고 그들의 본질을 보는 것으로 이루어져 있다. 사물을 이렇게 탐구하면 지식이 완전해진다. 지식이 완전하면 생각이 진실해진다. 생각이 진실하면 영혼이 완벽해진다. 영혼이 완벽하면 자신을 갈고닦을 수 있다. 자신을 갈고닦으면 집안을 다스릴 수 있으며, 집안을 다스리면 나라가 안정된다. 나라가 안정되면 천하가 태평해진다.

여기 한 문단 안에 도덕과 정치에 대한 탄탄한 철학이 들어 있다. 대단히 보수적인 체제로 예의를 중시하고 민주주의를 무시한다. 황금률이 분명하게 밝혀져 있지만, 이 체제는 기독교보다 스토아 철학*에 더 가까웠다. 어떤 제자가 악에도 선으로 응해야 하느냐고 묻자, 공자는 이렇게 대답했다. "그렇다면 선에는 무엇으로 보답할 것인가? 선에는 선으로 보답하고, 악에는 정의로 대응하라."

공자는 모든 인간이 평등하다고 믿지 않았다. 지성을 보편적인 재능으로 생각하지 않았던 것 같다. 그의 제자인 맹자는 이렇게 표현했다. "인간과 하등 동물을 서로 다른 존재로 만들어 주는 아주 미미한 그것. 대부분의 사람들이 그것을 내동댕이친다." 백성들에게 최대의 행운은 무지한 자가 공직에 오르는 것을 막고, 실로 가장 현명한 사람들의 다스림을 받는 것이다.

대도시 중도(中都)는 그의 말을 액면 그대로 받아들이고, 그를 읍재(邑宰)로 삼았다. 그 결과 다음과 같은 일들이 벌어졌다고 한다. "백성들의 태도가 놀라울 정도로 변했다. (……) 범죄가 사라졌고 (……) 거짓과 방종이 고개를 감추었다. 충의와 신의가 남자들의 특징이 되었으며, 정숙과 순종은

---

* 윤리를 중심으로 사유하며 욕망을 억제할 것을 주장한 스토아학파의 철학.

여자들의 특징이 되었다."

너무 근사해서 사실이라고 믿기가 힘들다. 이런 상태는 십 중팔구 그리 오래 지속되지 못했을 것이다. 하지만 공자 생전에 그의 제자들은 이미 그의 위대함을 알아보고, 그가 중국에서 예법과 몸가짐과 고요한 지혜가 형성되는 데 시대를 초월한 영향을 미칠 것이라고 미리 내다보았다. "제자들이 몹시 화려한 예식으로 그를 장사 지냈다. 수많은 제자들이 그의 무덤 옆에 오두막을 짓고 살면서, 거의 3년 동안 아버지의 죽음을 애도하듯이 슬퍼했다. 다른 제자들이 모두 떠난 뒤에도" 공자를 그 누구보다 사랑했던 "자공(子貢)은 혼자서 3년 더 무덤을 지켰다."

2 플라톤(B.C.428?~B.C.347?)

이제 새로운 문제가 우리 앞에 있다. 생각으로 백성들의 틀을 잡고 자신의 목소리를 낸 강력한 세속 인물, 한 시대를 지배했던 이름을 찾아볼 수 없는 문명들과 맞닥뜨렸다. 인도도 그렇고, 유대인들도 그렇고, 소아시아 '비옥한 초승달 지대'의 유목 민족들도 그렇다. 부처, 이사야, 예수와 무함마드가 있지만 세계적인 학자나 세계적인 철학자는 없었다. 세계 역사상 아마도 가장 오랫동안 지속된 가장 놀라운 문명이라고 할 수 있는 이집트에는 100명의 파라오와 헤아릴 수 없이 많은 예술 작품들이 있지만, 지혜의 눈으로 과거를 바라보고 자기 나라의 지적인 발전에 또렷한 발자국을 찍은 사람이 딱히 드러나지 않는다. 우리는 이 민족들과 수백 년의 세월을 공손하게 지나쳐서 이제 페리클레스 시대 그리스의 찬란함으로 눈을 돌려야 한다.

우리는 왜 플라톤을 사랑하는가? 플라톤 자신이 사랑하는 자였기 때문이다. 플라톤은 동료들을 사랑하고, 변증법의 향연에 취하는 것을 사랑하고, 생각과 사물 뒤에서 쉽게 손에 잡히지 않는 실재를 열정적으로 추구했다. 우리가 그를 사랑하는 것은 그가 지닌 무한한 에너지, 거침없이 떠돌아다니던 상상력, 모험적이고 복잡하며 구원받지 못한 삶 속에서 그가 찾아낸 기쁨 때문이다. 우리가 그를 사랑하는 것은 그가 지상에 있는 동안 매 순간 생생히 살아 움직이며 결코 성장을 멈추지 않았기 때문이다. 이런 사람은 어떤 실수를 저질러도 용서받을 수 있다. 우리가 그를 사랑하는 것은 지적인 통제를 통한 사회 재건이라는 그의 고상한 열정 때문이며, 그가 대부분의 사람에게는 젊은 날 한때의 사치에 지나지 않는, 인간적인 발전을 향한 열정을 80년 생애 내내 유지했기 때문이고, 철학을 단순히 세상을 해석하는 도구가 아니라 세상의 틀을 다시 짜는 도구로 보았기 때문이다. 우리가 그를 사랑하는 것은 그가 진리뿐만 아니라 아름다움도 숭배하고, 생각에 살아 있는 드라마 같은 움직임을 부여하고, 휘황찬란한 예술의 옷을 입혔기 때문이다.

플라톤의『국가론(*The Republic*)』과『대화편(*Dialogues*)』에는 셰익스피어 부럽지 않은 창의적인 상상력이 자유분방하게 날뛰고 있다. 그는 여기서 마음속 상(像)들을 군주처럼 당당하게 마음껏 탕진한다. 답답한 현대 철학자에게서는 찾아볼 수 없는 유머가 여기에 있다. 체계가 전혀 없는 것 같지만 모든 체계가 있으며, 유럽 사상의 풍부한 근원도 여기에 있다. 또한 그리스의 혼이 대리석 안에서 뛰어노는 위대한 신전들만큼 강하고 아름다운 산문도 있다. 여기서 문학적인 산문이 어른의 모습으로 태어난다.

그렇다면 플라톤을 반드시 우리 명단의 두 번째 자리에 올려야겠다. 하지만 이를 위해 몹시 합당한 이의에 맞서 그를 변호해야 한다. 철학의 아버지나 다름없으며 실로 가장 위대한 철학의 순교자였던 소크라테스는 어쩔 것이냐는 이의 제기. 위대함을 따지자면 절반에도 미치지 못하는 영웅들까지 포함될 명단에서 소크라테스를 제외한다면 우스꽝스러울 것이다. 소크라테스가 절반은 실화고, 절반은 신화라는 말을 듣고 독자들은 너무 충격받지 말기 바란다. 박식한 프랑스인 M. 뒤프렐(1879~1967)은『소크라테스의 전설과 플라톤의 근원(*La Légende Socratique et les sources de Platon*)』에서 고상하지만 귀찮은 존재였던 소크라테스를 아킬레우스, 오이디푸스, 로물루스, 지그프리트* 같은 역사 속 신화적 인물들의 자리로 끌어내렸다. 우리가 죽은 뒤에도, 주의 깊고 성실한 학자가 나선다면 틀림없이 우리가 결코 실존한 적이 없음을 증명할 수 있을 것이다. 하지만 철학자로서 소크라테스의 명성이 플라톤의 창의적인 상상력에 많은 부분 빚지고 있다는 점은 확신해도 좋을 듯하다. 플라톤은 장대한 게으름뱅이였던 소크라테스를 자기 견해의 대변자로 이용했다. 플라톤의 소크라테스 중 어디까지가 실제 소크라테스이고, 어디까지가 플라톤인지 우리는 아마 결코 알지 못할 것이다. 그러니 플라톤이 소크라테스와 플라톤을 모두 포용하는 존재라고 생각하자.

플라톤의 『대화편』은 인류의 귀한 보물 중 하나다. 여기서 처음으로 철학이 형태를 갖추었으며, 청춘기 특유의 충일함으로 후대에 필적할 짝을 찾을 수 없을 만큼 완성된 수준에 도달했다. 사랑과 우정에 대한 고상한 대화를 듣고 싶은가? 『뤼시스』, 『카르미데스』, 『파이드로스』를 읽어 보라. 위대하고 다정한 영혼(플라토닉 소크라테스)이 다른 생에 대해 생각한 것을 알고 싶은가? 『파이돈』을 읽어 보라. 이 책의 가장 뒷부분은 산문의 역사에서 높은 봉우리 중 하나를 차지하

---

* 독일의 중세 영웅 서사시 『니벨룽겐의 노래』의 주인공.

고 있다. 지식의 수수께끼 중 정신이라는 퍼즐에 흥미가 있는가? 『파르메니데스』와 『테아이테토스』를 읽어 보라. 무엇이든 흥미로운가? 『국가론』을 읽어 보라. 이 책에서는 형이상학, 신학, 윤리학, 심리학, 교육 이론, 정치가 이론, 예술 이론을 찾아볼 수 있다. 여성주의와 산아 제한, 공산주의와 사회주의의 미덕과 문제점, 우생학과 자유주의 교육, 귀족 정치와 민주주의, 생기론과 정신분석학도 찾아볼 수 있다. 이 책에서 만나지 못할 것이 무엇일까? 가끔 경건한 신자가 되던 오마르가 코란에 대해 쓴 말을 에머슨이 『국가론』에 바친 것도 무리가 아니다. "도서관을 불태워라. 그들의 가치가 이 책 속에 있으므로."

플라톤의 영향력을 어찌 의심할까? 그가 설립한 아카데미를 생각해 보라. 그곳은 세계 최초의 대학이자, 가장 오랫동안 지속된 대학이었다. 알렉산드리아의 신플라톤주의부터 영국의 케임브리지 플라톤주의까지 플라톤 철학이 끊임없이 부활한 것을 생각해 보라. 기독교 신학에 플라톤의 사상과 상징이 스며든 것, 중세 초기 문화를 플라톤이 지배했던 것을 생각해 보라. 로렌초 데메디치*의 식탁이 『향연(*Symposium*)』의 영광을 일부 재현하고, 피코 델라미란돌라가 스승의 상 앞에서

---

* 1449~1492, 피렌체 공화국의 사실상 통치자로 르네상스를 후원했다.

신실하게 촛불을 태운 르네상스 시대의 열정적인 플라톤주의를 생각해 보라. 지금도 수많은 나라 수많은 도시에서 수십만 명의 학생들과 학자들이 나이를 막론하고『국가론』이나『대화편』에 몰두하고 있으며, 플라톤의 열정과 통찰력을 통해 감사한 마음으로 서서히 섬세한 지혜를 향해 다듬어지고 있음을 생각해 보라. 육체의 죽음을 거의 무의미하게 만들어 버리는 불멸의 영혼이 바로 여기에 있다.

3   아리스토텔레스(B.C.384~B.C.322)

아리스토텔레스가 반드시 우리 명단에 포함되어야 한다는 데에는 온 세상이 동의할 것이다. 중세 사람들은 그를 '유일한 철학자'라고 불렀다. 마치 그가 최고로 완벽한 형태의 철학을 구현하고 있다고 말하는 듯했다. 하지만 우리는 그를 사랑하지 않는다. 그가 남긴 문헌들은 열정이 없고 온건하기만 한 문장들을 아주 단조롭게 늘어놓고 있기 때문에, 플라톤의 광휘를 맛본 우리는 아리스토텔레스의 얌전한 모습 앞에서 얼어붙는다. 하지만 저서만으로 그의 순위를 매기는 것은 공정하지 않다. 그의 저서들이 가끔은 그 자신이, 또 가끔은 그의 제자들이 강연에 참고하거나 강연 내용을 나중에 기억하려고 급히 작성한 메모에 지나지 않는다는 사실이 이제 알려져 있기 때문이다. 이런 실용적인 메모들과 플라톤이 사상 처음으로 대중을 철학의 독자로 끌어들이는 데 사용한 생생한 대화를 비교해서 아리스토텔레스를 평가하는 것은 터무니없다.

하지만 학문적인 전문 용어와 다른 사람들을 깔보듯이 간략하게 적은 내용이라는 장벽을 한번 극복하고 나면, 거의 믿을 수 없을 만큼 깊고 넓은 지성과 맞닥뜨리게 될 것이다. 지금껏 누구도 생각만으로 이토록 세상을 풍미한 적이 없다. 아리스토텔레스는 학문과 철학의 모든 문제들을 생각하고 밝혀내서 쉽게 반박할 수 없는 해법을 제시해 놓았다. 그는 또한 수천의 첩자들이 물어 온 정보를 통합하듯이 지식을 한데 모아 세상의 모습을 포괄적으로 그려 냈다. 그의 글에서 철학 특유의 문체가 탄생했으므로, 오늘날에는 아리스토텔레스의 머리가 주조해 낸 용어들을 사용하지 않고는 생각하는 것 자체가 거의 불가능하다. 그의 글에는 또한 지혜가 있다. 차분하고 온건하며 거의 완전한 이 지혜는 당당하게 생명을 뒤덮은 한없는 지성에서 나온 것이다. 그의 글에는 새로운 학문도 있다. 아리스토텔레스가 거의 무심한 듯 쉽게 이것들을 만들어 냈기 때문에, 인간의 지성이 만들어 낸 최고의 창조물인 이 새로운 학문들이 마치 철학자의 유희에 지나지 않는 것처럼 보일 정도다. 생물학, 발생학, 논리학이 처음 등장한 곳이 바로 아리스토텔레스의 글이다. 물론 그 이전에 이런 문제들을 생각한 사람이 하나도 없었던 것은 아니지만, 끈기 있는 관찰과 세심한 실험과 체계적인 결과 정리를 통해 자신의 생각을 통제한 사람은 없었다. 천문학과 의학을 제외하면, 학문의 역사는 이 지칠 줄 모르는 철학자의 백과사전적인 노고와 함께 시작되었다.

그가 미친 영향은 공자 못지않다. 아리스토텔레스의 연구가 알렉산드리아와 로마 제국에서 어떻게 학문 발전의 기초가 되었는지 이제는 모르는 사람이 없다. 무어인*들이 유럽을 침략하면서 가져온 아리스토텔레스의 철학적 저작들이 13세기에 잠들어 있던 유럽을 깨워 스콜라 철학의 발전에 거름이 되었던 것, 그 왕성하던 시대의 위대한 『대전(*Summae*)』**이 『형이상학(*Metaphysics*)』과 『오르가논(*Organon*)』의 번안물에 지나지 않는다는 것, 단테가 아리스토텔레스를 모든 사상가 중 첫째로, "지식이 있는 사람들의 스승"으로 꼽았다는 것, 그의 사상이 담겨 있으나 행방이 묘연했던 최후의 보물들을 콘스탄티노플***이 르네상스 시대의 열성적인 학자들 앞에 가져다주었다는 것, 1000년이 넘도록 지성사(史)를 조용히

* 이슬람교도를 가리킨다.
** 토마스 아퀴나스의 『신학 대전』, 『대이교도 대전』 등을 가리킨다.
*** 이스탄불의 옛 이름.

지배하던 아리스토텔레스의 1인 지배 시대가 오컴*과 라무스**의 대담한 불경, 로저 베이컨의 실험 과학, 프랜시스 베이컨의 혁신적인 철학이 나온 뒤에야 비로소 끝을 맺었다는 것 역시 널리 알려져 있다. 우리가 지금처럼 세계를 둘러보는 과정에서, 그토록 오랫동안 사람들에게 영감을 주고 마음을 사로잡은 사람을 다시는 찾아낼 수 없을 것이다.

4 토마스 아퀴나스(1225~1274)

그리스가 휙 지나가고 이제 우리는 로마에 이르렀다. 그곳에는 어떤 위대한 사상가들이 있었을까? 누구보다 뛰어났던 루크레티우스가 있었다. 하지만 그의 철학은 그 자신의 것이 아니라 에피쿠로스에게서 나온 것이므로, 그리고 당대와 후대 사람들에게 미친 그의 영향은 내밀하고 산발적이어서 최고의 지성을 지닌 사람들에게만 가닿았기 때문에 우리는 그를 밖에 세워 둔 채 문학의 세계에서 높은 자리를 차지하고 있지 않느냐고 위로할 수밖에 없다. 세네카, 에픽테투스, 아우렐리우스 역시 그리스의 메아리 같은 존재들로서, 제논의

---

* 1285?~1349, 영국의 스콜라 철학자. 유명론(唯名論)의 입장에서 인식론을 전개했다.

** 1515~1572, 프랑스의 인본주의자. 아리스토텔레스를 비판하면서 근세 사상 태동에 영향을 미쳤다.

냉담함을 죽어 가는 로마에 맞게 적용시켰다. 그들이 활동하던 시기에 이미 옛 문명은 사라지고 있었고, 그 문명을 구성하는 사람들의 근육에서도 이미 힘이 빠진 뒤였다. 사방에서 자유민이 사라지고 노예들이 그 자리를 채웠으며, 과거의 긍지 높던 자유 도시들은 봉토가 되어 조세를 바치는 처지가 되었다. 노예의 주인들 또한 에피쿠로스를 따르는 쾌락주의자와 지나치게 호전적이고 엄격해서 철학의 기쁨에 빠져들지 못하는 스파르타식 금욕주의자로 나뉘었다. 과거의 위대한 유산들이 갑자기 무너지자 유럽 문명은 폐허가 되었다.

다시 뭔가가 시작된 것은 교회가 '말씀'의 신비로운 권위로 여러 파당의 분쟁을 치유하고, 사람들을 전장에서 안정된 삶으로 되돌려 놓았을 때였다. 황제들은 사라졌지만 교황은 남았다. 이제 군단의 행진은 없었지만, 점점 부상하던 종교의 수도사들과 선교사들은 생각이 다시 한번 자라날 수 있는 새로운 질서를 조용히 만들어 냈다. 유럽의 정신이 겪은 이 두 번째 사춘기가 얼마나 길고 황량했던지! 오늘날에도 우리는 계몽에 대한 확신이 없어서, 마치 실제로 존재하는 기억을 더듬듯이 그 긴 세월 두려운 마음으로 어둠 속을 더듬던 사람들의 심정을 느낄 수 있다.

그 뒤로 교역이 성장하고, 마을이 도시로 자라고, 학교가 대학으로 변했다. 그리하여 인류의 일부가 힘든 노동에서 벗어나 생각이라는 여가와 사치를 다시 한번 누릴 수 있게 되었다. 아벨라르*는 달변으로 대륙의 절반을 휘저어 놓았고, 보나벤투라와 안셀무스**는 웅대한 신학 속에 중세 신앙의 이론적 근거를 마련했다. 이렇게 준비 작업이 끝난 뒤 아리스토텔레스급의 또 다른 인물인 아퀴노의 성 토마스가 등장했다.

그는 우주를 자신의 전공으로 삼고, 지식과 믿음 사이 구렁 위로 이성이라는 연약한 다리를 놓은 사람이었다. 단테가 가톨릭 르네상스 시대의 희망과 두려움에게 했던 일을 아퀴나스는 그 시대의 사상을 위해 해냈다. 지식을 통합하고 해석해서 삶과 죽음이라는 위대한 문제에 모든 역량을 집중시킨 것이다. 이제 세상은 교조적인 토마스보다 의심 많은 사도 도마를 더 좋아하기 때문에 그를 추종하지 않지만, 한때는 모든 지성인이 '천사 박사(Angelic Doctor)'라고 불리던 그를 기리고 모든 철학이 그의 방대한 『대전』을 기본으로 삼았다. 오늘날에도 수많은 대학에서 그의 사상은 여전히 과학보다 탄탄한 것으로 존중되고 있으며, 그의 철학은 기독교 세계에서 가장 강력한 종파의 공식적인 기반이다. 우리가 철학의 반항 아들과 순교자들을 사랑했던 것만큼 그를 사랑하지 않을지

---

* 1079~1142, '아리스토텔레스의 재림'이라는 칭호를 받으며 중세 철학의 보편 논쟁에 중요한 역할을 했다.
** 두 사람 모두 이탈리아의 스콜라 학파 신학자.

는 몰라도, 위대한 세기에 적당히 우월한 존재였고 헤아릴 수 없이 많은 사람들에게 광범위한 영향을 미쳤다는 점에서 그를 우리의 명단에 포함시킬 수밖에 없다.

이 결론을 가슴 아프게 생각하는 사람들이 분명히 있을 것이다. 필자 또한 그렇다. 토마스 아퀴나스보다 더 사랑스럽게 떠올릴 수 있는 이름들, 현대 세계에 훨씬 더 잘 맞는 스피노자나 니체 같은 이름들은 얼마든지 있다. 어떤 사람들은 그들에게 단순히 지적인 존경심이 아니라 열정적인 애정을 느낄지도 모른다. 하지만 우리가 스스로 세운 기준을 제대로 지키지 않는다면, 우리의 작업을 여기서 당장 중단하는 편이 나을 것이다. 기준을 지키지 않으면 우리의 명단은 위대한 정신의 전시관이 아니라, 그저 좋아하는 사람들의 모습을 담은 앨범이 되어 버릴 터이니 말이다.

5 코페르니쿠스(1473~1543)

이번에는 폴란드에서 한 사람이 목소리를 높였다. 그는 하느님의 발판이자 구원을 향한 순례의 고향인 이 지구가 보잘것없는 태양의 보잘것없는 위성이라고 말했다. 아주 간단한 말인 것 같다. 지금의 우리들은 이 말에 두려움도 경이도 느끼지 않으며, 우리가 서 있는 이 땅이 일시적인 것에 불과하다는 사실을 당연한 듯이 받아들인다. 일시적으로 뭉쳐 있는 원소들은 언젠가 해체되어 흔적 하나 남기지 않을 것이다. 그러나 지구와 하느님이 이웃처럼 가까운 존재이며, 신이 인간의 도덕을 위해 항상 관심을 기울인다는 생각이 모든 철학의 기반을 이루던 중세 세계에서 이 새로운 주장은 무신론적인 신성 모독이었으며, 천사들과 사람들 사이에 신앙으로 드리워진 야곱의 사다리를 뒤집어 버리는 가차 없는 타격이었다.

코페르니쿠스의 책 『천체의 회전에 관하여(*On the Revolution of the Celestial Orbs*)』는 참으로 알맞은 이름을 지니고 있었다. 역사상 그 어떤 책도 이보다 더 커다란 혁명을 일으키지 못했기 때문이다. 신앙심 깊은 폴란드의 수도사 코페르니쿠스는 도무지 속을 알 수 없는 별들 앞에 참을성 있게 앉아 있었을 뿐, 세상을 해칠 생각은 조금도 없었다. 그는 자신의 생각이 장차 신앙에 어떤 영향을 미칠지 전혀 짐작하지 못한 채 지식의 탐구에 푹 빠져 있었다. 그는 모든 진리가 반드시 선하고 아름다우며 사람을 자유롭게 만들어 줄 것이라고 확신했다. 따라서 그는 수학이라는 마법을 부려 지구와 인간을 중심에 놓았던 우주(지구와 인간을 중심으로 도는 우주)를 수많은 행성과 항성의 만화경으로 바꾸어 놓았다. 여기서 지구는 떠다니는 성운의 순간적인 침전물에 지나지 않는 듯했다. 모든 것이 변했다. 거리도, 의미도, 운명도. 그리고 손이나 발보다 더 가깝고, 다정하게 떠가는 구름 속에 살고 있는 것 같던 하느님은 무한한 우주 저 먼 곳으로 사라져 버렸다. 분노한 듯 멋대로 날뛰는 바람이 집의 벽들을 무너뜨리자, 그 안에 살던 사람이 무한한 어둠 속에서 안식처를 잃어버린 꼴이었다.

코페르니쿠스가 얼마나 심오한 사상가였는지는 그의 연구가 미친, 헤아릴 수 없는 영향을 통해서만 알 수 있다. 그와 더불어 현대가 시작되었다. 그와 더불어 세속주의가 시작되었다. 그와 더불어 이성이 멀고 먼 옛날부터 옥좌를 차지했던 신앙에 맞서 혁명을 일으켰으며, 인류는 부서진 궁전처럼 변해 버린 그의 꿈을 생각으로 재건하는 오랜 작업을 시작했다. 천국은 그냥 하늘, 우주, 무(無)가 되거나, 지상으로 내려와 한때 낙원을 바랐던 사람들의 굶주린 마음속에서 유토피아의 꿈을 길러 냈다. 인간들을 돌보던 신들이 인간이 성년에 도달하자 스스로 지성을 활용해 살아가도록 놓아두고 사라져 버렸다는, 플라톤이 들려준 우화와 비슷했다. 부족의 장로가 젊은이들을 몰아내며 다른 땅을 찾아내서 그곳에 각자 자기만의 집을 짓고 행복을 일구라고 말하던, 고대의 야만 시대와도 비슷했다. 코페르니쿠스 혁명으로 인류는 성인이 될 수밖에 없었다.

6 프랜시스 베이컨(1561~1626)

인류는 갑작스러운 성숙 앞에서 당황하지 않았다. 오히려 코페르니쿠스 이후 한 세기 동안 모든 분야에서 젊은이다운 대담성과 용기를 드러냈다. 작은 배들이 이제 둥글고 유한하다고 알려진 지구를 탐험하기 시작했고, 덧없는 인간의 머리는 지적인 세계를 탐험하기 시작했다. 그들은 교리에 신경 쓰지 않았고, 전통 때문에 괴로워하지 않았으며, 인류가 실패할 것이라고는 꿈에도 생각하지 않았다. 아, 그 밝았던 르네상스 시대의 열정이라니. 1000년에 걸친 빈곤은 거의 잊혔고, 인류는 1000년간의 수고로 더 풍요롭고 대담해졌으며, 장벽과 구속을 무시했다! 기민하게 반짝이는 눈, 그 튼튼한 몸속의 풍요로운 피, 사치스러운 의상의 따뜻한 색채, 열정적인 연설에서 자연스럽게 흘러나오는 시, 창의적이고 만족을 모르는 욕망, 새로이 해방된 인간 정신의 탐색과 기세와 대담함……우리가 이런 시대를 다시 볼 수 있을까?

이렇게 들끓던 시대의 상징이자 대변인으로 누구를 지목할 수 있을까? 화가이자 음악가이자 조각가이자 판화가이자 건축가이자 해부학자이자 생리학자이자 물리학자이자 발명가이자 공학자이자 화학자이자 점성술사이자 지질학자이자 동물학자이자 식물학자이자 지리학자이자 수학자이자 철학자였던 레오나르도 다빈치? 슬프게도 그는 우리의 기준에 해당하지 않는다. 그는 무엇보다 먼저 예술가였다.(그렇지 않은가?) 철학자나 학자는 둘째였다. 우리가 그의 이름을 기억하는 것은 「최후의 만찬」과 「모나리자」를 통해서이지, 화석에 대한 이론이나 하비* 같은 인물의 등장을 예견한 것이나 보편적이고 영속적인 법칙에 대한 그의 장대한 통찰력 때문은 아니다. 그렇다면 언제나 탐구하는 영혼이었던 브루노?** 그는 유한한 것에 만족하지 않고, 측량할 수 없는 조화를 갈망했으며, 분열과 종파와 교리와 신조 등을 참지 못했다. 그보다 더 거칠게 날뛰는 것은 겨울 바람 정도이고, 그보다 더 불같은 것은 에트나 화산 정도에 불과했다. 거친 영혼을 타고난 그는 순교자로 죽을 운명이었다.

이런 브루노 역시 아니다. 그보다 더 위대한 사람이 한 명 있었기 때문이다. 그는 "종을 울려 지혜를 한데 모은 사람", 세상 모든 곳에서 진리를 사랑하고 진리에 봉사하는 사람들에게 새로운 학문 질서 속에서 하나가 되라고 도전장을 보낸 사람, 생각의 임무는 우쭐거리며 학자연하는 토론이나 알맹이 없는 학문적 추측이 아니라 자연 법칙에 대한 귀납적인 탐구, 삶의 조건에 대한 인간 지배권의 확고한 연장임을 주장

---

* 1578~1657, 혈액 순환을 발견한 영국인 의사.
** 1548~1600, 이탈리아의 철학자이자 가톨릭 교회의 수사. 이단 판정을 피해 여러 나라를 떠돌며 자전설을 설파했다.

한 사람이었다. 그는 아직 정복되지 않은 연구 분야들을 최고의 권위로 정리해 냈으며, 수많은 학문에 임무를 지정해 주고, 그들이 믿을 수 없을 만큼 커다란 승리를 거둘 것임을 예언했다. 그는 영국 학술원과 프랑스의 『백과전서』가 만들어지는 계기가 되었고, 인류가 지식을 명상이 아니라 세상을 바꿔 놓는 힘으로 보게 했으며, 숭배를 경멸하고 통제를 갈망했다. 그는 관찰하지 않는 이성을 기반으로 한 아리스토텔레스의 논리를 뒤집어 버리고, 과학이 스스로 모습을 드러내는 자연에 눈을 돌리게 했으며, 그 풍요롭던 시대의 다른 사람들과 현대인의 영혼 너머로 자신의 용감한 영혼을 데려갔다. 그는 물론 프랜시스 베이컨이다.

7 아이작 뉴턴(1642~1727)

그 시기부터 우리 시대에 이르기까지 유럽의 지성사를 지배한 것은 중세 세계관에 맞선 베이컨 철학의 전진이었다.

하지만 그 전진이 지속적으로 이루어지지는 않았다. 이 중심 대로에서 비켜선 위인들이 많기 때문이다. 데카르트의 저작에서 새로운 학문은 낡은 학문의 품속에서 몸부림쳤을 뿐 결코 완전히 풀려나지 못했다. 라이프니츠의 통일적인 영혼 속에서는 중세 전통이 아직 강력해서 수학자를 불확실한 신학자로 바꾸어 버렸다. 그리고 임마누엘 칸트의 경우에는 계몽주의의 회의(懷疑) 가운데에서 조상 전래의 믿음이 목소리를 냈다. 이 두 가지 생각의 흐름(과학적인 흐름과 종교적인 흐름) 사이를 기묘하게 이어 주는 다리가 바로 스피노자다. 렌즈를 가공하는 기술자이자 하느님에게 도취된 자인 스피노자는 고독한 사색에 조용히 몰두했으며, 현대 학문의 형이상학적 틀을 짰다. 스피노자는 역학과 기하학을 사랑했고, 브루노와 똑같이 철학의 순교자였다. 다만 그의 죽음이 좀 더 느리고 덜 유명했다는 점이 다를 뿐이다.

스피노자 이후 심오한 세계에 발을 들인 사람들은 모두 그의 힘을 느꼈다. 모든 역사가들은 그의 지혜가 지닌 조용한 깊이를 증명했다. 하지만 우리는 스스로 정한 기준 때문에, 이 정신세계의 영웅들을 지혜에 대한 개인적인 평가가 아니라 영향력에 대한 객관적인 기준에 따라 판단해야 한다. 따라서 아무리 스피노자를 사랑하는 사람일지라도, 이 '온화한 철학자'의 치유의 손길이 대중이나 많은 사람들이 아니라 고상하고 보기 드문 영혼에만 닿았음을 인정할 수밖에 없다. 스피노자는 섬처럼 고립된 생각의 귀족 계급에 속한 사람이며, 이 세상은 아직 그가 있는 곳까지 도달하지 못했다.

그러나 아이작 뉴턴에 대해서는 비슷한 소리가 나올 수 없다. 그가 천재성 때문에 멍해져서 저지른 일에 대해서는 "어린 학생들도 모두 알고 있다." 혼자 요리를 해야 하는 상황이 된 이 위대한 과학자는 점심으로 먹을 달걀을 3분 동안 삶으라는 말을 듣고는 시계를 물속에 넣은 뒤 물이 끓는 동안 달걀을 지켜보았다. 한번은 수학 계산에 넋을 잃은 나머지, 저녁 식사를 위해 옷을 갈아입으러 자기 방에 가서 옷을 벗은 뒤 만족스러운 기분으로 그냥 잠자리에 들고 말았다.(이렇게 재미있는 이야기들이 사실이 아니라면 슬플 것이다.) 하지만 뉴턴의 『프린키피아(*Principia*)』가 과학적인 연구를 토대로 현대적인 사고에 대한 독보적인 지배권을 조용히 주장했음을 아는 학생들은 그리 많지 않다. 뉴턴이 확립한 운동과 역학 법칙이 후대에 이루어진 모든 실질적인 발전의 기초가 되었다는 사실도 마찬가지다. 이 법칙들은 지구의 표면이 다시 정리되는 데에도, 우리 시대에 이루어진 과학의 기적 덕분에 우리가 더 오랫동안 강렬한 생을 즐길 수 있게 된 데에도 바탕이 되었다. 중력의 발견은 천문학 전체에 빛이 되었으며, 혼란스럽게 빛나던 별들을 거의 유기적으로 통합시켰다.

볼테르는 말했다. "얼마 전 한 저명인사가 진부하고 경박한 의문을 입에 올렸다."(아이고 이런, 이 인용문이 여기에 맞지 않는 것 같다!) "가장 위대한 사람이 누구인가? 카이사르? 알렉산드로스? 티무르? 크롬웰? 누군가가 의심의 여지없이 아이작 뉴턴이라고 대답했다. 맞는 말이었다. 폭력을 동원해 우리의 정신을 노예로 삼은 사람이 아니라, 진리의 힘으로 우리의

정신을 지배한 뉴턴이야말로 우리가 경의를 표해야 하는 대
상이기 때문이다." 뉴턴이 아직 살아 있을 때에도 세상은 그
가 영웅의 반열에 속한다는 것을 인정했다.

8   볼테르(1694~1778)

뉴턴 역학과 로크의 심리학을 프랑스에 소개함으로써 위
대한 계몽주의 시대를 연 사람이 볼테르였다. 볼테르가 인류
최고의 사상가 명단에 들어 있는 것이 학자연하는 사람들에
게는 충격일 것이다. 그들은 볼테르의 생각이 독창적이지 않
고 남에게서 빌린 것이며, 그가 부도덕하고 파괴적인 영향을
미쳤다고 반발할 것이다. 하지만 우리 중 형식을 제외한 다른
면에서 독창적인 사람이 있는가? 오늘날 우리가 떠올리는 아
이디어들 중에, 이런저런 형태로 고색창연한 역사를 입지 않
은 것이 있는가? 진리보다는 실수에서 독창성을 발휘하기가
쉽다. 하나의 진리는 1000개의 거짓을 몰아내기 때문이다.
조지 산타야나(1863~1952)처럼 정직한 철학자라면, 진리의
윤곽이 아리스토텔레스만큼이나 오래된 것이며, 오늘날 우리
에게 필요한 것은 우리의 일시적인 요구에 맞게 설계를 변화
시키는 것뿐임을 인정할 것이다. 현대 사상가 중 가장 심오했
던 스피노자도 브루노, 마이모니데스, 데카르트에게서 자기
생각의 핵심을 가져오지 않았던가? 라무스는 박사 학위 논문

에서, 아리스토텔레스가 플라톤에게서 좀도둑질을 해 온 것을 제외하면 아리스토텔레스의 모든 것이 거짓이라는 온건한 주장을 옹호하지 않았던가? 그리고 플라톤은 셰익스피어와 마찬가지로 모든 상점에서 거침없이 빌려온 물건들을 아름답게 변형시켜 자신의 것으로 삼지 않았던가? 볼테르가 베이컨처럼 "모든 사람의 횃불에서 자기 초의 불씨를 가져온" 것은 사실이지만, 그가 그 횃불의 불꽃을 워낙 밝게 키웠기 때문에 그것이 온 인류를 계몽시켰다는 사실은 변하지 않는다. 볼테르는 칙칙하게 다가온 것들을 휘황하게 만들었다. 모호하게 다가온 것들을 깨끗하고 선명하게 닦아 놓았다. 쓸모없이 학자연하는 겉치장을 입고 다가온 것들을 온 세상이 이해하고 도움을 얻을 수 있는 언어의 옷으로 갈아입혔다. 역사상 그 누구도 볼테르처럼 많은 사람들에게 도저히 저항할 수 없을 만큼 예술적인 형태로 가르침을 준 적이 없다.

그의 영향이 파괴적이었을까? 그것을 누가 자신 있게 말할 수 있을까? 여기서 우리가 자랑스레 내보이던 객관적인 판단력을 팽개치고, 페르네*의 이 웃는 철학자가 우리와 다른 생각을 했다는 이유만으로 그를 내쳐야 할까? 하지만 우리는

---

* 볼테르는 1758년에 스위스 국경 지대에 있는 페르네에 저택을 마련해 살았다.

여기서 스피노자를 이미 희생시켰다. 우리 중에 그의 철학을 신봉하는 사람들이 있는데도, 그의 영향이 깊을지언정 폭이 너무 좁다는 이유로 그를 희생시켰다. 그러니 볼테르에 대해서도 물어야 한다. 그의 결론을 받아들일지 여부가 아니라, 세상이 그를 받아들였는지 여부를. 그의 생각이 당대와 후대의 교육받은 사람들에게 근본적인 영향을 미쳤는가?

그랬다. 여기에 대해서는 의심의 여지가 거의 없다. 루이 16세는 탕플 감옥에서 볼테르와 루소의 저작을 보고, "이 두 사람이 프랑스를 파괴했다."라고 말했다. 전제 정치를 겨냥한 말이었다. 어쩌면 이 가엾은 왕이 철학에 지나친 명예를 안겨 준 것인지도 모르겠다. 볼테르에게 집중된 지식인 반란의 근저에는 확실히 경제적인 원인이 있었기 때문이다. 하지만 육체가 붕괴하더라도 그 사실이 통증이라는 매개를 통해 의식에 알려지지 않으면 아무 조치가 취해지지 않듯이, 수백 개의 힘찬 펜들이 양심과 의식이 있는 사람들에게 국가의 상황을 절절히 알리지 않았다면 부르봉 왕가 시절 프랑스의 정치적, 경제적 타락상은 철저한 국가 붕괴로 이어졌을지 모른다. 볼테르는 이 위대한 임무를 지휘하는 사령관이었다. 나머지 사람들은 모두 기꺼이 그의 지휘권을 인정했으며, 자랑스레 그의 지시를 따랐다. 심지어 강력한 군주 프리드리히조차 볼테르에게 "오랜 세월 속에 태어난 최고의 천재"라는 인사를 건

넸다.

우리를 둘러싼 오랜 신념들의 재부상 밑에는 볼테르의 영향력이 조용히 굳건하게 자리 잡고 있다. 그가 살던 세기에 유럽 전체가 왕홀을 대하듯 그의 펜 앞에 절했다면, 후대의 위대한 사상가들도 볼테르를 우리 시대 지적인 계몽의 원천으로 기렸다. 니체는 자신의 저서 중 하나를 그에게 바쳤고, 볼테르의 샘물을 깊이 들이마셨다. 아나톨 프랑스*는 이 위대한 현자가 남겨 놓은 아흔아홉 권의 책을 바탕으로 자신의 생각과 재치와 문체를 형성했다. 해방 전쟁의 많은 전투에서 살아남은 노병 게오르그 브라네스**는 죽음을 앞둔 말년에 페르네의 이 위대한 해방자의 전기를 쓰는 데 시간을 할애했다. 그가 우상을 숭배하듯 볼테르를 대한 것은 얼마든지 용서할 수 있는 일이다. 볼테르를 기리는 것을 잊은 사람은 자유를 누릴 자격이 없다.

9 임마누엘 칸트(1724~1804)

그럼에도 소박한 믿음과 정직한 회의 사이의 이 억누를 수 없는 갈등에는 또 다른 측면이 있었다. 계몽주의가 파괴한

---

* 1844~1924, 프랑스의 문필가.
** 1842~1927, 덴마크의 비평가.

것으로 보이는 신조를 위해 아직 해 줄 말이 남아 있었다. 볼테르 본인은 개인적인 '신'에 대한 진실한 믿음을 간직했으며, 페르네에 '하느님께' 바치는 예쁜 예배당을 지었다. 하지만 그의 추종자들은 그보다 더 앞서 나아갔기 때문에, 그가 죽은 뒤 유물론이 철학 분야의 모든 경쟁자들을 쫓아내 버렸다.

이제 세상을 분석하는 방법은 두 가지가 있다. 먼저 물질로부터 사유를 시작한다면 물질에서 정신의 모든 수수께끼를 추론해 내는 수밖에 없을 것이다. 반면 정신을 먼저 다룬다면 물질을 단순히 감각 한 다발로 볼 수밖에 없을 것이다. 감각 기관을 통하지 않고는 물질을 알 길이 없기 때문이다. 그렇다면 물질이란 우리의 관념에 지나지 않는 것인가? 우리가 알고 있는 물질이란 정신의 한 형태에 불과하다.

버클리가 이 신선한 결론을 처음으로 세상에 명확히 밝혔을 때, 학자들은 동요했다. 이 주장은 계몽주의의 배신으로부터 벗어날 수 있는 훌륭한 출구를 제공해 주는 것 같았다. 정신의 우월성을 다시 선언하고, 위협적인 적을 정신이라는 영역 안의 한 지역으로 강등시켜, 종교적 신앙과 영원한 희망이라는 철학적 기반을 회복할 수 있는 기회가 여기에 있었다.

이런 이상주의적인 움직임 속에서 누구보다 두드러진 인물이 임마누엘 칸트였다. 추상적인 철학자의 완벽한 원형인 칸트는 쾨니히스베르크를 많이 돌아다니며 산책길에서 별이 반짝이는 하늘이 어딘지 비현실적인 모습으로 녹아내리는 것을 보았다. 사람의 인식에 의해 하늘이 주관적인 대상으로 변해 버린 탓이었다. 칸트는 물질에서 정신을 구출하기 위해 최선의 노력을 기울였으며, '순수 이성'의 사용에 반대해서 (무슨 소리인지 도무지 알아들을 수가 없기 때문에) 반박할 수 없는 주장을 펼쳤고, 생각이라는 마법을 부려 오랜 믿음들을 되살려 냈다.

세상은 그의 말에 기꺼이 귀를 기울였다. 세상의 포부를 어둡게 만들고 희망을 파괴하기만 하는 과학을 사랑하지 않고, 오로지 믿음만으로 살아도 될 것처럼 보였기 때문이다. 19세기 내내 칸트의 영향력은 점점 커졌다. 합리주의와 회의주의가 오랜 요새를 위협할 때마다 사람들은 '다시 칸트에게로' 도망치듯이 돌아가 힘과 피난처를 구했다. 쇼펜하우어처럼 무미건조한 사람이나 니체처럼 열광적인 이단자조차 그를 받아들였으며, 세상을 단순한 외견만으로 강등시킨 칸트의 주장을 가능한 모든 철학의 필수 불가결한 예비 단계로 보았다.

칸트의 연구가 워낙 중요했기 때문에, 그 기반과 개괄적인 윤곽은 오늘날에도 흔들리지 않고 고스란히 남아 있다. 과학이 피어슨, 마흐, 푸앵카레를 통해 모든 실체와 모든 '물질', 법칙을 가진 모든 '자연'이 단지 정신이 만들어 낸 개념에 지나지 않는다는 것을 받아들이지 않았던가. 그 개념의 미꾸라지

같은 진리를 알 수는 있어도 확실히 아는 것은 불가능하다고. 분명 칸트는 유물론과 무신론을 상대한 전투에서 승리를 거두었다. 그 덕분에 세상은 다시 희망을 품을 수 있었다.

10 찰스 다윈(1809~1882)

이제 다윈이 등장하면서 새로운 전쟁에 불이 붙었다. 인류의 역사에서 다윈의 연구가 궁극적으로 무엇을 의미하게 될지 지금 우리로서는 알 수 없다. 하지만 후손들에게도 그의 이름이 서구 문명의 지적인 발전 과정에서 여전히 전환점으로 남아 있을 가능성이 있다. 만약 다윈이 틀렸다면, 세상은 그를 잊을 것이다. 이미 데모크리토스와 아낙사고라스를 거의 잊어버린 것처럼. 만약 다윈이 옳았다면, 우리는 1859년을 현대적 생각이 시작된 해로 기록해야 할 것이다.

다윈이 경계심을 무너뜨리는 겸손한 태도로 조용히 우리에게 제시한 것은 그 이전 사람들의 정신에 만족을 안겨 주었던 세계관과는 전적으로 다른 것이 아니던가? 사람들은 세상이 신의 인도와 전능한 지성을 따라 정의롭고 완벽한 완성을 향해 나아가는 질서 있는 곳이라고 생각했다. 그 세상에서는 모든 미덕이 마침내 걸맞은 보상을 받을 것이다. 하지만 다윈은 그 어떤 신조도 공격하지 않은 채 자신이 본 것을 묘사했다. 그 결과 세상이 갑자기 붉게 변했고, 석양빛을 받은 가을 단풍처럼 몹시 아름답던 자연은 순전히 살육과 투쟁의 장처럼 보였다. 이곳에서 탄생은 우발적인 일이었으며, 확실한 것은 죽음뿐이었다. '자연'은 '자연 선택', 즉 존재를 위한 투쟁이 되었다. 존재뿐만 아니라, 짝과 힘을 구할 때에도 유난히 부드러운 꽃, 얌전한 짐승, 상냥한 남자 등 '적당하지 않은 자들'은 가차 없이 배제되었다. 지표면은 종(種) 간의 전쟁, 개체들의 경쟁으로 들끓었으며, 모든 생명체가 자기보다 큰 짐승의 사냥감이었다. 모두 다른 생명체의 희생으로 생명을 이어나갔다. 거대한 '자연'의 재앙들이 일어났다. 빙하 시대, 지진, 토네이도, 가뭄, 역병, 기근, 전쟁. 헤아릴 수 없이 많은 생명체들이 '잡초처럼 제거되었고', 빠르거나 늦게 목숨을 잃었다. 한동안 살아남는 종이나 개체도 있었다. 이런 것이 바로 진화이고 자연이고 현실이었다.

코페르니쿠스는 지구를 녹아내리는 구름들 속의 작은 점으로 만들어 버렸다. 다윈은 인간을 이 세상의 덧없는 지배권을 놓고 싸우는 동물로 만들어 버렸다. 이제 인간은 하느님의 아들이 아니라 투쟁의 아들이었으며, 인간들이 벌이는 전쟁은 세상 누구보다 사나운 금수들조차 자신의 잔인성은 아마추어 수준에 불과하다며 부끄러워하게 만들었다. 인류는 이제 자애로운 신이 총애하는 피조물이 아니라 원숭이의 한 종류였다. 변이와 선택 과정에서 운이 좋아 불안정하지만 위엄 있어 보이는 자리까지 올라왔으나, 언젠가 때가 되면 다른 생물에게 추월당해 사라질 운명이었다. 인간은 불멸의 존재가 아니었다. 태어나는 순간부터 죽음이 예정된 생물이었다.

어린 시절에 부드럽고 상냥한 소리들을 들으며 자란 사람들이 다윈의 세계가 그려 내는 피투성이의 냉혹한 광경에 어쩔 수 없이 적응해야 하는 상황에서 얼마나 압박을 받았을지 생각해 보라. 과거의 신앙이 살아남으려고 사납게 싸운 것이나, 한 세대 동안 '종교와 과학 사이의 갈등'이 갈릴레오가 물러나고 브루노가 화형을 당한 이래 그 어느 때보다 치열해진 것이 놀랄 일인가? 경쟁에 지쳐 기진맥진한 승리자들이 오늘날 폐허 속에 슬프게 앉아서 남몰래 자신의 승리를 슬퍼하고, 자신의 승리가 파괴해 버린 옛 세상을 남몰래 갈망하고 있지 않은가?

변명

이상이 우리가 고른 열 명이다. 한눈에 볼 수 있도록 정리 해 볼까?

1   공자

우리가 제외한 사람들도 훌륭한 명단으로 정리할 수 있다. 데모크리토스, 에피쿠로스, 마르쿠스 아우렐리우스, 아벨라르, 갈릴레오, 스피노자, 라이프니츠, 쇼펜하우어, 스펜서, 니체. 또한 사상의 역사에서 우리가 무시해 버린 중대한 움직임들도 생각해 보라. 예를 들어, 메리 울스턴크래프트에서부터 수전 앤서니까지 위대한 지도자들이 이끌어 온 여성주의, 디오게네스와 제논 같은 희망의 이론가들부터, 라살과 마르크스 같은 인물들까지 포함된 사회주의가 있다. 아무리 명단을 작성해 봐도 인류의 유산이라는 보물을 모두 담거나 그 무한한 다양성에 필적할 수 없을 것이다. 잘된 일이다. 많은 명단에 많은 영웅들을 담을 수 있으니까. 그들은 아무리 기리고 기념해도 지나치지 않다.

　이런 것이 바로 진정한 성자들의 명단인지 모른다. 세상에 새로운 아름다움을 안겨 준 사람, 인류가 더 점잖고 상냥해질 수 있도록 조언해 준 사람들과 더불어 이 사람들의 이름이 우리의 달력을 장식해야 마땅하다.

3

위대한 시인 10

우리의 작업이 시작되기 전에 모든 논리학자들이 한 번쯤 물어보았을 질문이 있다. "시인의 위대함을 시험하는 방법은 무엇인가?" 이 질문을 정면으로 바라본 뒤에야 나는 비로소 계속 작업을 이어 갈 용기를 얻는다. 사실 나는 유감스러운 딜레마를 느끼고 있다. 만약 내가 나의 개인적인 호불호와는 별개로 객관적인 시험 방법을 자랑스레 채택한다면, 개인의 취향에 즐거이 무릎을 꿇을 때 느낄 수 있는 모험의 열정과 놀라움을 잃어버릴 테니 말이다. 게다가 객관적인 시험 기준이라면 명성이나 영향력뿐인데, 위대한 사상가들을 선택할 때는 아주 그럴 듯하게 보였던 이 기준이 시인들 앞에서는 허

물어진다. 영향력이나 명성에 따라 당대 시인들의 등급을 매기겠다는 생각을 누가 할 수 있을까? 휘트먼의 의기양양하고 이단적이며 실험적인 시를 받아들이는 사람보다 상냥하고 음악적인 헨리 롱펠로의 시에 기쁘게 귀를 기울이는 사람이 많다는 이유만으로 그를 가장 위대한 노래의 직조자로 지명할 사람이 누가 있을까? 그러니 여기서 나는 나의 편견을 드러내어, 내게 음악, 감정, 이미지와 생각이 기묘하게 뒤섞인 것, 즉 시(詩)를 누구보다도 뛰어난 솜씨로 가져다준 사람들의 이름을 기록하는 것 이상의 일을 해낼 수 있는 척 허세를 부리지 않겠다.

1 호메로스

오래전 러시아에서 나는 시의 기원을 보았다. 우리는 러시아인들의 집과 자연 속에서 그들을 연구하기로 하고, 우리 안내인의 가족이 살고 있는 체르니고프의 이즈바*에 일주일 동안 머무르며 농민의 삶을 체험했다. 첫째 날 밤, 마을 사람들은 수상쩍은 시선으로 우리를 바라보았다. 소심한 사람들은 우리가 자기네 아이들을 훔치러 왔다고 단언하기도 했다. 하지만 둘째 날 밤 그들은 우리 통나무집 밖에 모여 음악과 춤

---

* 러시아식 통나무집.

을 즐기며 야단법석을 떨었다. 우리가 벤치나 웃자란 풀밭에 앉아 있는데, 턱수염을 기르고 눈이 먼 노인이 벽에 등을 기대고 앉아서 발랄라이카*를 연주하며 자기 종족의 옛 전설들을 읊조렸다. 언제나 단조로 끝나는 슬픈 이야기였지만, 관성의 힘만으로 계속 돌아가는 커다란 수레바퀴처럼 다음 이야기가 한가로이 계속 이어지는 분위기였다. 그 노래를 들으며 나는 호메로스가 그리스인들에게 트로이 함락을 노래로 들려주는 광경을 보는 듯했다.

리듬이 기억을 보조하는 이 소박하고 음악적인 방법은 사람들이 문자를 얻기 전 역사를 전달하고 장식하는 수단이었다. 신들의 시대에 역사는 충분히 시의 소재가 될 만큼 장대했으며, 신들이 관심을 갖고 참여한 덕분에 찬란히 빛나는 인간들의 사랑과 전쟁 이야기는 많은 방랑 시인들의 입을 통해 축적된 이야기들을 오늘날 『일리아드(Iliad)』와 『오디세이(Odyssey)』라 불리는 서사시로 엮어 냈다.

'호메로스'는 십중팔구 이런 노래들을 읊조린 가수들 중 한 명이었을 것이다. 우리는 이 이야기들을 지어낸 모든 시인에게 그의 이름을 부여한다. 통일시키는 것이 우리에게 편하고, 진실이 조각조각 부서지는 것이 달갑지 않기 때문이다. 모든

---

* 우크라이나의 민속 발현 악기.

나라의 문학은 '베다'*나 '사가'** 같은 서사시로 시작된다. 인도의 『라마야나』와 『마하바라타』, 독일의 『니벨룽겐의 노래』, 영국의 『베어울프』, 프랑스의 『롤랑의 노래』 등은 개인뿐만 아니라 국가 또한 유년기에 자연스레 접하는 작품들이다. 그들은 조국이 항상 옳고, 항상 승리하고, 신의 특별한 사랑을 받는 애국적인 역사를 구성한다.

호메로스가 들려주는 이야기가 사실이 아니라거나, 그의 작품에 등장하는 인간 남녀는 물론 일부 신들조차 그의 당당한 상상력이 빚어낸 피조물인 듯하다는 말은 별로 중요하지 않은 것 같다. 그의 이야기가 애당초 워낙 훌륭하게 창작되었고, 활발하게 입에서 입으로 전해졌기 때문에 만약 사실이 이 이야기와 다르다면 그저 사실이 안쓰러울 따름이다. 아름다움도 진실과 똑같은 권리를 갖고 있다. 그리고 『일리아드』가 트로이 전쟁보다 더 중요하다. 헬레네가 그냥 이름뿐인 인물이거나 여러 감정을 일으키는 외교적인 표현에 지나지 않는다 해도, 전쟁을 벌인 그리스인들의 진정한 목표가 사랑스러운 바람둥이가 아니라 전략적인 항구라 해도, 트로이인 일곱 명은 땅속에 묻힌 반면 헬레네는 영원히 사랑스러움의 동의어

---

* 인도에서 가장 오래된 경전.
** 중세에 북유럽, 특히 아이슬란드에서 발달한 산문 문학.

가 되었다. 그래서 지금도 모든 대양 중 가장 위대한 잉크의 바다로 10만 권의 책을 진수시킬 잠재력을 지니고 있다.

이런 고대 서사시들의 기법이나 그 안에 담긴 생각이 복잡하지 않다는 점도 문제가 되지 않는다. 이 시들은 마음이 아니라 귀를, 섬세한 귀족이 아니라 평민을 겨냥한 작품이다. 따라서 귀로 듣는 순간 이해할 수 있어야 하며, 박진감 넘치는 액션이 이야기를 끌어가야 한다. 오늘날 우리의 삶은 복잡하고 내향적이어서, 그리스인들에게 친숙하던 액션은 주로 신문에 먼 나라 소식으로나 실리는 드물고 예외적인 일이 되었다. 현대인들은 잠시 행동을 멈추고 생각할 줄 아는 동물이다. 따라서 우리의 문학도 동기와 생각을 분석하려 든다. 그리고 우리는 정신적인 갈등 속에서 그 무엇보다 심오한 전쟁과 암울하기 그지없는 비극을 발견한다. 하지만 호메로스의 시대에는 삶이 곧 액션이었고, 호메로스는 액션의 예언자였다. 그의 시와 문체는 거의 액션의 지배를 받았다. 사납게 날뛰는 그의 육보격* 시를 통해 이야기는 널찍하고 세찬 물살처럼 흐른다. 그래서 영웅들과 신들의 족보를 마침내 익힌 뒤, 우리는 나이아가라의 빠른 물살에 휩쓸리듯이 시에 붙들

---

* 한 행을 이루는 여섯 단어에서 처음 네 단어에는 장장격이나 장단단격 중 하나가 들어가야 하고, 다섯 번째 단어에는 장단단격이, 여섯 번째 단어에는 장장격이 들어가야 한다는 규칙.

린다. 그러나 한창 전투가 벌어지는 와중에 다음과 같이 조
용한 시가 등장하기도 한다. 우리의 어설픈 번역으로도 훌륭
한 작품이다.

> 그리하여 헥토르가 그들에게 장황한 연설을 했다. 그러자
> 　　트로이인들이 포효하며 갈채를 보냈다.
> 땀으로 번들거리는 전마(戰馬)들이 멍에에서 벗어나 각각
> 　　그의 전차에
> 끈으로 연결되었다. 그러고 나서 그들은 도시에서
> 수소와 멋진 양을 서둘러 가져왔다, 꿀의 심장을 지닌
> 　　포도주도……
> 한편으로는 장작을 모았고, 평원에서 하늘까지
> 바람을 타고 달콤한 향내가 가닿았다. 전투의 대로 옆에서
> 밤새 희망을 품고 앉아 있었으며, 파수용 모닥불이 수없이
> 　　타올랐다.
> 하늘에서 별들이 밤의 천구를 따라 둥글게 반짝이고 있을
> 　　때에도,
> 그 놀라운 광경 속에서 바람이 잔잔해지고 산봉우리와
> 　　곶들이
> 탑처럼 솟고, 숲속의 공터가 나오고, 찬란한 하늘이
> 스스로 최대한 넓게 늘어나 수많은 별들을 반짝여,

노고에 지친 목동의 마음을 기쁘게 하고
검은 배들과 크산투스강 사이에서 헤아릴 수 없이 많은
　　파수용 모닥불들이 반짝였다
일리움에서 말을 길들이던 트로이인들이 피운 불……
한편 전쟁에 지친 말들은 밀과 하얀 보리를 우적우적
　　씹었고,
전차 바로 옆에서 황금 옥좌에 앉은 새벽이 오기를
　　기다렸다.

(8권, 끝부분)

2 '다윗'

　내가 다음으로 꼽는 사람은 이 '시편 작가'다. 그가 누구인
지 우리는 모른다. 그가 다윗이 아니라는 사실을 알 뿐이다.
다윗은 강도질로 부자가 되고, 사울의 왕좌를 찬탈하고, 다
른 사람들의 아내를 훔치고, 모든 계명을 어긴 매혹적인 도적
이었지만, 후세 사람들은 그를 시편의 경건한 저자로 기리고
있다. 하지만 시편에 실린 '찬양의 노래들'은 많은 사람들의
손으로 지어졌다. 다윗을 제외한 많은 사람들의 손. 그리고
예루살렘 성전의 성직자들이 수백 년 동안 이 시들을 모았
다. 이 시들이 마침내 책으로 엮인 것은 다윗이 세상을 떠난
지 거의 1000년 뒤, 예수가 태어나기 겨우 150년 전이었다.

언제 누가 이 시들을 썼는지는 중요하지 않다. 그것은 문학 사상 가장 심오한 서정시이며, 워낙 생생한 황홀경을 담고 있어서 모든 교리를 의심하는 사람들조차 자신의 피가 이 시들 속에 깃든 음악에 기묘한 반응을 보이는 것을 느낄 수 있다. 이 시들에 불평불만이 너무 많은 것은 사실이다. 인정머리 없는 사람들은 잘 사는 반면 정의로운 자는 고생하는 이유를 모르겠다던 욥의 궁금증을 되풀이하거나 미리 예측하기도 한다. 신을 편협하고 국수적인 의미로 보는 것도 사실이고, 적들에게 벌을 내려 달라고 너무 호전적으로 비는 것도 사실이며, 기름진 찬양으로 여호와를 달래고 그의 태만함을 비난하는 것(10편 1절, 44편)도 사실이다. 전체적으로 봤을 때, 유대인과 순례자의 하느님은 전투에서 무시무시한 힘을 발휘하는 강력한 사령관으로 묘사되어 있다.(12편 3절, 18편 8절, 34절, 40절, 64편 7절)

하지만 이런 전투의 노래들 사이에 겸손함과 슬픔을 담은 부드러운 서정시들이 있다.

인생은 그 날이 풀과 같으며 그 영화가 들의 꽃과 같도다. 그것은 바람이 지나면 없어지나니 그곳이 다시 알지 못하거니와.*

* 시편 103편 15~16절.

종교적인 감정이 이토록 강렬하게, 또는 이토록 아름답게 표현된 적은 없었다. 현재 남아 있는 언어들 중 영어로는 단순함, 명확함, 힘의 표본을 보여 주며, 히브리어로는 당당한 오르간 연주처럼 음률이 울려 퍼진다. 현재 우리가 쓰고 있는 표현들이 들어 있기도 하고("어린아이와 젖먹이의 입으로(out of the mouth of babes and sucklings)", "눈에 넣어도 아프지 않은 보물(the apple of my eye)",* "방백들을 의지하지 말며(put not your trust in princes)") 동방 사람들마저 기가 죽을 만큼 풍요로운 열징과 이미지도 담겨 있다.(떠오르는 해가 "그 방에서 나오는 신랑과 같고 그 길을 달리기 기뻐하는 장사 같아서") 시편의 시들은 지금까지 지어진 노래들 중 가장 훌륭하며, 그 무엇보다 강력한 영향력은 헤아릴 길이 없다. 2000년 동안 사람들은 사랑 노래에서도 느끼지 못한 감동을 이 시들에서 느꼈다. 그들이 고난을 겪는 유대인들과 미국을 개척한 선구자들에게 위안이 된 것도 무리가 아니다. 시편에서도 가장 유명한 시에는 어머니의 자장가처럼 믿음과 휴식을 주는 말이 가득하다.

여호와는 나의 목자시니 내가 부족함이 없으리로다.

---

* 한글 성경에는 단순히 '눈동자'로 번역되어 있다.

그가 나를 푸른 초장에 누이시며 쉴 만한 물가로

　인도하시는도다.

내 영혼을 소생시키시고 자기 이름을 위하여 의의 길로

　인도하시는도다.

내가 사망의 음침한 골짜기로 다닐지라도

해를 두려워하지 않을 것은 주께서 나와 함께하심이라. 주의

　지팡이와 막대기가 나를 안위하시나이다.

주께서 내 원수의 목전에서 내게 상을 베푸시고

기름으로 내 머리에 바르셨으니 내 잔이 넘치나이다.

나의 평생에 선하심과 인자하심이 정녕 나를 따르리니

내가 여호와의 집에 영원히 거하리로다.*

3　에우리피데스(B.C.484?~B.C.406?)

이제 우리는 다시 그리스로 돌아와 디오니소스 극장에서
에우리피데스의 극을 볼 준비를 하고 앉아 있다. 반원형으로
줄줄이 늘어선 석조 좌석들이 꼭대기에 파르테논이 자리 잡
은 산을 점점 넓게 휩쓸며 올라간다. 그곳에 3만 명의 아테네
인들이 안달하며 앉아 있다. 헐렁한 토가를 입고 열정적으로
이야기를 나누는 수다스러운 남자들. 갖가지 감정과 아이디

---

* 시편 23편 전문.

어가 생생히 살아 있다. 그들은 지금까지 시 낭송을 듣거나 연극을 본 관객들 중 가장 예리한 사람들이다. 저 아래 맨 앞줄에는 대리석을 깎아 장식한 의자에 이 도시의 관리들과 비극적인 신의 사제들이 앉아 있다. 웅장한 원형 극장 맨 아래쪽에 석판을 깐 작은 무대가 있고, 그 뒤에 배우의 공간인 스케네(skene), 즉 '신(scene)'이 있다. 이 모든 것 위에는 하늘과 결코 흐려지지 않는 태양뿐이다. 저 아래 산기슭에서는 푸른 에게해가 미소 짓는다.

기원전 415년, 아테네는 그리스인과 그리스인의 전쟁인 펠로폰네소스 전쟁에 한창이었다. 그들은 동포들답게 서로를 사납게 쏘아 댔다. 무모한 극작가는 또 다른 전쟁인 트로이 함락을 자신의 작품 주제로 선택했고, 그의 친구들(그중에는 에우리피데스의 연극만 보는 소크라테스도 있다.)은 이 작품*이 호메로스의 이야기를 뒤집어, 패배하고 파멸한 자들의 관점에서 트로이 전쟁을 보여 줄 것이라고 속삭였다. 갑자기 사방이 조용해지고, 배우의 공간에서 한 사람이 나온다. 바다의 신 포세이돈 역을 맡은 배우다. 그는 높은 신발을 신고 서서 소리가 널리 퍼지게 하는 가면을 통해 연극의 핵심 내용을 읊조린다.

---

* 『트로이의 여인들』을 가리킨다.

그대는 눈이 멀었구나,

도시를 짓밟는 자여, 신전을

황폐하게 만드는 자, 무덤을,

고대인들의 시신이 누워 있는

전인미답의 성소를 황폐케 하는 자,

그대도 곧 죽을 것이다.

(전해 오는 이야기처럼, 소크라테스가 워낙 오랫동안 갈채를 보내는 바람에 결국 배우가 대사를 다시 읊어 주기로 했다는 부분이 바로 이 프롤로그일까?)

그리스인들은 헥토르를 죽이고 트로이를 함락했다. 아가멤논의 전령인 탈티비오스가 헥토르의 아내 안드로마케, 그의 누이이자 긍지 높은 예언자인 카산드라, 그의 어머니인 백발의 여왕 헤카베를 그리스의 노예 겸 정부로 삼으려고 데리러 온다. 헤카베는 슬픔 속에서 자신의 머리를 때리며 한탄한다.

때려라, 때려라 왕관을 잃은 머리,

눈물이 붉게 변할 때까지 뺨을 꼬집어라!

누워 있는 남자와 냉혹한 자가

나의 주인이 되리니……

오, 나는 아주 오래전 일들을 생각하게 되리라

그리고 그것들을 노래로 엮어 내리라……
오, 가장 깊은 부상을 입은 그대,
내 아이들이 지킨 그대,
프리아모스, 프리아모스, 오, 늙어 버린 왕이여,
그대가 잠든 곳으로 날 데려가오.

안드로마케는 자살에 대한 말로 헤카베를 위로하려 한다.

오, 어머니, 귀가 있으니 이 말을 들어 주세요
두려움을 정복하는 말, 어머니의 심장이 제 것처럼 기쁘지도
　　　않은데
뛰게 될 때까지. 죽는 것만이 존재를 멈추는 방법……
저는 — 이미 오래전 훌륭한 명성의 핵심에 똑바로
활을 당겼습니다. 이제는 알아요.
제 화살이 맞았음을. 그리고 그로 인해 저는
평화에서 더 멀어졌습니다. 모든 사람들이 그 일로 우리를
　　　찬양하죠.
저는 헥토르를 위해 사랑하고, 이기고자 했습니다,
항상 알고 있었어요, 그 안에 아픈 모습으로 있든
아무것도 모르는 순진한 상태든, 외국을 떠도는 것은
여자들에게 나쁜 평판이 된다는 것을. 그래서 저는

욕망을 짓밟고, 저만의 정원을

걸었습니다. 가벼운 말과 여자들의

즐거운 의논은 저의 문 앞을 지나간 적이 없어요.

제 심장의 생각들 ─ 갈망하지 않았습니다 이제는 ─

저와 이야기하면, 저는 행복했습니다. 항상

저는 헥토르의 인사에 고운 침묵과 고요한 눈을

보여 주고, 살아가는 방법을 잘

관찰했어요, 어디로 이끌지 어디서 순종할지……

아, 나의 헥토르, 누구보다 사랑받은 사람,

나의 사람,

나의 왕자님, 나의 현자, 오, 나의 당당하고

용감한 분! 그 어떤 남자의 손길도

내게 다가온 적이 없습니다, 그대가 내 아버지의 집에서

나를 이끌어 그대의 것으로 만들었을 때…… 그런데 그대가

　　죽어 버렸네요,

저는 전쟁에 내동댕이쳐져서 헬라스의 땅

쓰라린 바다 너머에서 노예가 되어 굴욕의 빵을 먹을

　　거예요!

헤카베가 그녀를 꾸짖고, 헥토르의 아이 아스티아낙스가
언젠가 함락된 도시를 되찾을지 모른다는 희망을 이야기한

다. 하지만 그 순간 탈티비오스가 돌아와, 그리스 평의회가 헬라스의 안전을 위해 아스티아낙스를 트로이 성벽에서 내던 져 죽이기로 했다고 말한다. 안드로마케는 아이를 품에 안고 작별 인사를 한다.

이 작은 아이
내 품에 둥글게 안긴 아이, 이 얼마나 달콤한 냄새가
내 목에 매달려 있는가! 사랑스런 아이야, 이것이
모두 아무것도 아닌 걸까, 이 가슴이 널 안고
먹인 것이, 내가 지칠 때까지
아픈 너를 지켜보던
그 힘든 밤들이? 키스해 주렴. 이번 한 번만.
다시는 할 수 없겠지. 양팔을 올려 내 목을
감고, 그래 키스해 주려무나, 입술에 입술로……
오, 너희는 동방의 모든 고문을
능가하는 고뇌를 찾아냈구나, 친절한 그리스인들이여!
빨리 데려가라, 아이를 끌고 가서 성벽에서 던져
던질 테면! 아이를 찢어발겨라, 이 짐승들아, 얼른!
신께서 나를 파멸로 몰아넣었으니, 나는 내 아이를
죽음에서 구하기 위해 손 하나도, 손 하나도 들 수 없다.

메넬라오스가 헬레네를 찾으며 등장해서 그녀를 보자마자 죽여 버리겠다고 맹세한다. 하지만 그녀가 두려운 기색도 없이 여전히 'dia gunaikon(여자들 중의 여신)' 같은 모습으로 당당하게 들어오자 메넬라오스는 즉시 그녀의 아름다움에 취해 죽이겠다던 다짐을 잊어버리고 노예에게 그녀를 "바다로 항해할 수 있게, 방이 있는 갤리선에" 태우라고 지시한다. 그때 탈티비오스가 헥토르의 아들의 시신을 안고 돌아온다. 헤카베는 뒤틀리고 부러진 아이를 장례용 로브로 싸고, 북받치는 감정 속에서도 현실적인 내사를 아이에게 건넨다.

아, 죽음이 널 찾아냈구나, 이 어린것을! ……
이 부드러운 팔, 이 귀한 몸이
죽음의 것이 되었어…… 예쁘고 긍지 높은 입술, 희망이
가득하던 입술이 영원히 닫혀 버렸어! 먼동이 틀 때
네가 내 침대로 기어 들어와 한 말은 거짓이 되었다,
나를 다정하게 부르며 이렇게 약속했는데,
"할머니, 할머니가 죽으면 난 내 머리를 짧게 자를 거예요.
그리고 모든 장군들 앞에서 말을 타고
할머니 무덤 옆을 지나갈 거예요." 왜 날 그렇게 속였느냐?
늙고, 집도 없고, 자식도 없는 내가 너를 위해
차가운 눈물을 흘려야 하다니, 이렇게 어린데, 이렇게

비참하게 죽다니.

신이시여! 후두두 환영하는 당신의 발소리,

내 무릎에서 젖을 먹고, 아, 함께

잠들던 달콤한 기억! 모두 사라졌다.

너의 진실한 이야기를 들려주기 위해

시인은 묘비에 무어라고 새겨야 할까? "이곳에

그리스인들이 두려워하여 죽여 버린 아이가 잠들어 있다."

　　그래, 그리스는 이 이야기를 축복할 것이다! ……

오, 헛된 인간이야,

찬란한 기쁨 속에서 두려움을 모르는도다

세월의 기회들이 바람 속에서

멍청이처럼 앞뒤로 춤을 추는데!

(그녀가 아이를 수의로 감싼다.)

찬란한 프리지아의 옷, 내 생각에

너의 신부를 위해 간직했거늘, 저 멀리

동방의 여왕을 생각하며, 너를 영원히 감싸게 되다니……

이 쓸쓸한 장면에 코러스의 우울한 노래가 흘러나온다.

때려라, 때려라, 그대의 머리

울부짖는 종으로 때려라

박자에 맞추어 손을 들어서

죽은 자를 위해 피를 흘리라, 죽음이 애통한지고!

여기에 셰익스피어의 위용이 모두 드러나 있다. 비록 그만
큼 광범위하고 섬세하지는 않지만, 리어왕이 죽어 가는 장면
을 제외하면 현대 연극에서 찾아보기 힘들 만큼 우리의 마음
을 움직이는 사회적인 열정이 있다. 이 작품의 작가는 하고
싶은 말을 소리 내어 할 수 있을 만큼 강하며, 전쟁의 열기
속에서 전쟁의 무익한 야수성을 보여 줄 수 있을 만큼 용감
하다. 그리스인들에게, 승리를 거둔 그리스인들 자신을 야만
인으로, 패배한 적을 영웅으로 묘사해서 보여 줄 만큼 용감
하다. '인간 에우리피데스', 노예 제도의 비판자, 비평가, 여자
들을 이해하고 옹호하는 자, 모든 확신을 회의하는 자, 모든
인간을 사랑하는 자. 그리스 젊은이들이 거리에서 그의 대사
들을 낭독한 것도 무리가 아니다. 사로잡힌 아테네인들은 기
억하고 있던 그의 대사들을 암송함으로써 자유를 얻었다. 극
작가 필레몬은 "죽은 자들에게 의식이 있다는 확신만 있다면
나는 에우리피데스를 만나기 위해 스스로 목을 맸을 것"이라
고 말했다.

에우리피데스는 소포클레스처럼 고전적인 차분함과 객관성을 지니지 못했고, 아이스킬로스처럼 엄격함과 숭고함을 지니지도 못했다. 에우리피데스와 이 두 사람의 관계는 감정적인 도스토옙스키와 흠 잡을 데 없는 투르게네프, 그리고 거인 톨스토이 사이의 관계와 같다. 하지만 우리의 비밀스러운 마음이 드러나고, 우리의 비밀스러운 갈망이 이해를 얻는 곳은 바로 도스토옙스키의 작품이다. 올림포스 이야기에 싫증이 난 그리스 연극이 지상으로 내려와 인간의 일들을 노골적으로 다루기 시작한 것은 에우리피데스의 작품을 통해서였다. 괴테는 "그의 시대 이후 세상의 모든 나라들이 그에게 슬리퍼를 건네주는 일이라도 할 수 있을 만한 극작가를 낳은 적이 있던가?" 하고 물었다. 딱 한 명 있었다.

4 루크레티우스

4세기가 흘렀다. 이제 우리는 멤미우스라는 하찮은 부자가 로마의 소음과 멀리 떨어진 곳에 지은 낡은 이탈리아 별장에 있다. 집 뒤편에는 조용한 뜰이 있다. 담장이 세상을 막아 주고, 타오르는 태양에 맞서 그늘을 만들어 준다. 눈앞에 예쁜 광경이 펼쳐진다. 두 젊은이가 수영장 옆 대리석 벤치에 앉아 있고, 두 사람 사이에서 활기와 애정으로 가득한 스승이 그들에게 장엄하고 낭랑한 시를 읽어 주고 있다. 잔디밭에 비스듬히 누워 잘 들어 보자. 그가 바로 로마의 가장 위대한 철학자이자 가장 위대한 시인인 루크레티우스이니까. 그가 읽고 있는 것은 "고대 문학을 통틀어 가장 경이로운 작품"(이라고 제임스 쇼트윌 교수가 말하는) *De Rerum Natura*, 즉 『사물의 본질에 관하여』라는 시적인 에세이다. 그는 사랑을 모든 생명과 창조의 원천으로 의인화한 부분을 낭송하고 있다.

그대, 오, 비너스여, 사물의 본질의 유일한 여주인. 그대가 없으면 그 무엇도 삶의 신성한 영역으로 솟아오르지 못하고, 그 무엇도 사랑스럽거나 아름다워지지 못한다오. (……) 모든 산과 바다를 지나, 콸콸 흐르는 강을 지나, 이파리로 지은 새들의 둥지와 풀이 고개 숙이는 벌판을 지나 그대는 다정한 사랑으로 모든 이의 가슴을 강타하지. 그래서 각자가 뜨거운 욕망으로 종족을 이어 가기 위해 제 짝을 좇게 해. (……) 빛나는 봄이 오자마자 거친 짐승 무리가 행복한 초원을 뛰어다니고, 급류를 헤엄칠 터이니. 모두들 그대의 매력에 사로잡혀 욕망으로 그대를 뒤쫓을 터이니.

이 루크레티우스는 기묘한 사람이다. 불안이 역력히 드러나 있다. 전해 오는 이야기에 따르면, 루크레티우스는 미약에 중독되어 우울증과 광기의 발작을 일으켰다고 한다. 그는 감수성이 예민하기 그지없고, 자부심 덩어리라서 조그만 일에도 상처를 입는다. 평화를 위해 태어났으나 카이사르의 경보가 한창 울리던 시절을 살아야 했다. 신비주의자와 성자의 자질을 지니고 태어났으나, 유물론자이자 회의주의자로 자신을 단련시켰다. 그렇지 않아도 고독한 영혼이 수줍음 때문에 더욱더 고독해져서 우정과 애정을 갈망했다. 그는 어두운 비관주의자라서, 어디서나 서로를 상쇄시키는 두 가지 정반대의 움직임을 포착한다. 성장과 쇠퇴, 번식과 파괴, 금성과 화성, 삶과 죽음. 모든 것에는 시작과 끝이 있다. 오로지 원자, 공간, 법칙만이 남는다. 탄생은 부패의 서곡이며, 이 광대한 우주조차 언젠가 녹아서 형체가 없던 시절로 다시 흘러가 버릴 것이다.

> 그 무엇도 머무르지 않고 모든 것이 흐른다.
> 조각이 조각에 달라붙고, 사물이 그렇게 자라난다
> 그러다 우리가 마침내 그것을 알아보고 이름을 붙인다.
>   그것들은
> 점차 녹아서 더 이상 우리가 아는 사물이 아니게 된다.
> 느리게 또는 빠르게 떨어지는 원자들이 공처럼 뭉친
> 태양들이 보인다, 태양계들이 자신의 몸을
> 들어 올리는 것이 보인다. 그러나 태양계들과 태양들조차

영원한 흐름으로 서서히 되돌아갈 것이다.

그대도 마찬가지다, 지구여. 그대의 제국들, 육지와 바다,

모든 은하들 중 가장 작은 곳,

이른 흐름에서 둥글게 뭉쳐져, 이렇게 그대 또한

사라져 갈 것이다. 그대는 시시각각 이렇게 사라져 가고
    있다.

그 무엇도 머무르지 않는다. 섬세한 안개에 싸인 그대의
    바다도

날아가 버리고, 달빛이 비치는 모래사장은 사신의 사리를
    버리고,

그 자리에 다른 바다들이 들어와

하얀 낫으로 또 다른 만(灣)을 베어 낼 것이다.

운명 앞에 선 인간에게 용기를 주려고 만들어졌다고는 보기 힘든 슬픈 철학이다. 루크레티우스가 마흔한 살 때(기원전 55년) 자살했다는 이야기가 있는 것도 무리가 아니다. 이 시에 품위를 얹어 주는 것은 시인의 진지함과 시의 소박한 힘이다. 그가 사용한 라틴어는 아직 조야하다. 로마인들의 언어가 키케로의 우쭐대는 펜과 베르길리우스의 조심스러운 펜에 의해 다듬어져 리듬과 세련된 멋을 지니게 되는 것은 한 세대 뒤다. 하지만 이 위대한 웅변가의 물 흐르듯 유창한 솜

씨, 아우구스투스가 좋아하던 여성적인 우아함이 이 남성적인 육보격 시에 결합되어, 그림처럼 생생하고 특이한 형용사들과 위엄 있는 동사들과 울림이 큰 명사들을 내어준다. 그의 낭송을 들으면서 우리는 에피쿠로스의 정원으로 옮겨져 멀리서 들려오는 데모크리토스의 웃음소리를 듣는다. 그는 루크레티우스가 모르는 것, 즉 즐거움이 지혜보다 더 지혜롭다는 사실을 아는 인물이다.

5　이백(李白, 701~762)

당나라 현종의 치세가 절정에 이르렀던 어느 날, 발해의 사신들이 와서 중요한 서신을 전했으나, 그들의 말을 신하 중 누구도 이해하지 못했다. 천자가 외쳤다. "이렇게 많은 문관들, 이렇게 많은 학자들과 무관들 중에 단 한 명도 이 문제를 해결해 주지 못하다니 어찌 된 일인가? 만약 사흘 안에 아무도 이 서신을 해독하지 못한다면, 그대들 모두의 직위를 정지시키겠다." 신하들은 하루 동안 서로 의논하고 안달하며, 자신의 자리와 목이 날아갈 것을 염려했다. 그때 하지장(賀知章)이라는 신하가 천자에게 다가가 이렇게 말했다. "신이 폐하게 아뢰옵니다. 이백이라는 뛰어난 시인이 있사온데, 여러 학문에 능통합니다. 그를 불러 이 서신을 읽으라 하소서. 그는 못 하는 일이 없는 자이옵니다."

현종은 이백을 즉시 궁으로 불렀지만, 이백은 응하지 않았다. 과거 시험에 탈락한 자신은 도저히 그런 일을 맡을 자격이 되지 않는다는 것이었다. 현종은 그를 달래기 위해 한림학사의 직위와 의복을 하사했다. 궁으로 온 이백은 신하들 중자신의 과거 시험을 담당했던 시험관들을 발견하고 억지로 그들의 신발을 벗긴 뒤에야 서신을 번역했다. 서신은 발해가 자유를 되찾기 위해 전쟁을 하겠다는 내용이었다. 그는 편지를 읽은 뒤 박식하고 무시무시한 답신까지 구술했고, 천자가 서명했다. 현종은 이백이 하늘에서 내려온 신선*이라는 하지장의 말을 거의 믿을 기세였다. 발해는 사과와 더불어 공물을 보내왔고, 현종은 공물 중 일부를 이백에게 하사했다. 그리고 술을 좋아하던 이백은 이 선물을 다시 주점 주인에게 주었다.

중국의 키츠인 이태백은 서기 701년에 태어났다. 그는 "봄이 스무 번 지날 동안 산에 반하고 여유를 사랑하며 구름 속에서" 살았다. 몸이 점점 튼튼해지면서 사랑의 경험도 많이 쌓았다.

포도주,

---

* '천상적선인(天上謫仙人)'이라 일컫는다.

황금 술잔,

그리고 어여쁜 오나라 아가씨.

망아지를 타고 온 그녀는 열다섯 살

파랗게 그린 눈썹

분홍 문직으로 지은 신발

흐트러진 말투

하지만 황홀할 정도로 노래를 잘한다네.

거북 등딱지가 상감 된

상에서 잔치를 벌이다

내 무릎에서 술에 취한 아가씨.

아, 아이야, 백합이 수놓아진 막 뒤에서

어루만지는 것이 무엇인고!

그다음 이야기도 있다.

아름다운 아가씨, 그대가 이곳에 있을 때, 나는 꽃으로 집을
　　가득 채웠소.

아름다운 아가씨, 그대가 가 버린 지금, 빈 침상만 남았구려.

침상에는 수놓은 이불이 개켜져 있고 나는 잠이 오지 않소.

그대가 떠난 지 3년. 그대가 남기고 간 향기가 지금도 나를
　　괴롭힌다오.

그 향내가 언제나 내 주위를 떠도는데, 어디에 있소,
　내 사랑?
나의 탄식에 노랗게 변한 이파리들이 가지에서 떨어지고,
나의 흐느낌에 초록색 이끼에 맺힌 이슬이 하얗게
　반짝인다오.

　이백은 결혼했지만 돈을 거의 벌지 못했기 때문에 아내가
자식들을 데리고 떠나 버렸다. 이백은 술로 자신을 위로하며
이 도시 저 도시 떠돌아다니면서 노래를 지어 근근이 생활했
다. 우성(牛城)의 술이 일품이라는 말을 들은 그는 거의 통행
이 불가능한 중국의 도로 사정에도 불구하고 무려 480킬로
미터가 넘게 떨어진 우성으로 곧장 떠났다. 그는 가난한 사
람과 제후를 차별하지 않고 똑같은 긍지와 상냥함을 보여 주
었기 때문에 모두들 그를 사랑했다. 황제도 그와 친구가 되었
지만, 그를 뜻대로 휘두를 수는 없었다. 동료 시인 두보(杜甫)
는 다음과 같이 말했다.

이백에게 술 한 잔을 주면,
시 100편을 지어 줄 것이다.
그는 장안 거리의
주점에서 꾸벅꾸벅 존다.

천자가 그를 불러도

그는 황성의 배에 오르지 않을 것이다.

"황공하오나, 폐하." 그가 말한다.

"신은 주신(酒神)입니다."

　그는 유영*의 철학을 받아들였다. 유영은 항상 하인 두 명
이 뒤를 따르며 한 명은 결코 술이 떨어지지 않게 하고, 다른
한 명은 어디서든 그가 쓰러지면 땅에 묻어 줄 삽을 들게 해
야 한다고 했다. "세상만사가 강물 위의 좀개구리밥에 지나지
않는다."라는 것이 이유였다. 이백이 보기에도 그런 것 같았
다. 현종이 사랑 때문에 황위를 잃자, 그도 후원자를 잃고 장
안에서 도망쳐 다시 지방을 떠돌게 되었기 때문이다.

왜 푸른 산 속에서 살고 있느냐고?

그저 웃을 뿐 대답하지 않으련다, 나의 영혼은 고요하니.

복숭아 꽃 물 따라 흐르고,

인간 세상이 아닌 별천지로구나.**

＊ 劉伶, 221~300, 중국의 시인이자 학자.

＊＊「산중문답」.

그의 말년은 힘들었다. 돈을 벌려고 애쓴 적이 없었기 때문이다. 반란과 전쟁의 혼란 속에서 그는 시인에게 자연스러운 보상인 굶주림으로부터 자신을 지켜 줄 제후를 찾아내지 못했다. 결국 투옥, 사형 선고, 사면 등 온갖 고초를 겪은 뒤 그는 유년 시절의 고향으로 돌아갔으나, 3년 뒤 세상을 떠난다. 이토록 뛰어난 영혼이 평범한 종말을 맞은 것이 실망스러웠는지, 전설에 따르면 그가 물에 비친 달을 잡으려 하다가 강에 빠져 죽었다고 한다.

그의 시를 한 편 디 읽이 볼까?

나의 배는 생강나무이고 키는 목련
악사들이 보석을 박은 대나무 피리와 황금 피리를 들고
　　양편 끝에 앉아 있네.
이 얼마나 즐거운가, 달콤한 술 한 통과 내 옆에서 노래하는
　　여인들이 있으니,
물살을 타고 물 위에서 이리저리 떠돈다.
나는 황학을 타고 노니는 신선보다 행복하고,
정처 없이 갈매기들의 뒤를 따르는 어인(魚人)만큼 자유롭다.
영감을 얻은 나의 펜을 움직여 나는 오악(五嶽)을 흔들고,
시를 다 지은 뒤 웃음을 터뜨린다, 나의 기쁨은 바다보다
　　광활하다.

아, 영원한 시여! 초 평왕의 시들은 해와 달처럼 언제나

　찬란하다.

그러나 초나라의 왕성들은 사라져 버리지 않았는가.

6　단테(1265~1321)

중국 당나라와 송나라가 "지구상에서 가장 강력하고, 가장 깨어 있고, 가장 발전하고, 정치 체제가 가장 잘 발달한 제국"으로 "문명의 최전선에 확실히 서 있을"(머독) 때 유럽은 암흑 시대를 거치는 중이었다. 로마의 쇠퇴와 야만족의 침략이라는 긴 악몽에서 유럽이 회복되는 속도가 얼마나 느렸는지!

하지만 마침내 새로운 도시들이 자라나고, 새로운 부와 새로운 시(詩)도 자라났다. 다시 깨어난 교역이 프랑스에서 페르시아까지, 러시아의 니즈니노브고로드에서 포르투갈의 리스본까지 문학과 예술의 꽃을 가져다주었다. 이란의 니샤푸르에서는 천막 제작자인 오마르 하이얌(1048~1131)이 기쁨과 환멸을 다룬 『루바이야트(*Rubaiyat*)』를 지었고, 파리에서는 프랑수아 비용(1431~?)이 몸과 머리를 분리하고, 시에 시를 더했다. 피렌체에서는 단테가 베아트리체를 만난 뒤 완전히 다른 사람이 되었다.

단테가 아홉 살 때 어떤 파티에서 수많은 사람들 속으로 숨으려 애쓰는 모습을 살펴보자. 그는 방 안에 있는 모든 사

람들의 시선과 생각, 자기 몸의 팔다리 하나하나를 전부 의식하고 있으며, 저 남자는 나보다 강하다든가 저 여자는 너무 아름다워서 나 같은 건 거들떠보지도 않을 것이라는 생각에 움찔거리고 있다. 그러다 문득 정신을 차리고 보니 눈앞에 베아트리체 포르티나리가 있다. 겨우 여덟 살짜리 소녀지만, 단테는 한눈에 사랑에 빠진다. 사춘기인 그의 영혼을 모두 바칠 만큼. 아직 너무 어려서 육체적인 사랑을 생각할 때는 아니지만 헌신의 감정이 흘러넘칠 만한 나이는 된다. "그 순간 가슴속 가장 비밀스러운 방에 사는 생명의 징령이 격렬히 떨기 시작하는 바람에 가장 약한 맥박에도 무서울 정도로 그것이 드러났다. 나는 덜덜 떨면서 이렇게 말했다. '보라 나보다 강한 신을, 그 신이 와서 나를 지배하리라.'" 이것은 세월이 흐른 뒤 그가 당시 상황을 이상적으로 미화해서 묘사한 것이다. 기억 속 그 어느 것도 첫사랑만큼 달콤하지는 않을 터이니. 그의 글은 계속 이어진다.

내 영혼은 누구보다 상냥한 이 아가씨를 생각하는 일에만 빠져들었다. 그래서 나는 순식간에 너무나 약해져서 많은 친구들이 나를 보고 슬퍼할 지경이 되었다. (……) 많은 사람들이 내게 무엇을 숨기고 있느냐고 캐물었다. 그러나 나는 나를 이 길로 이끈 것이 사랑이라고 대답했다. 내가 사랑을 말한 것은,

내 얼굴에 너무나 많은 흔적이 드러나 있어서 그 사실을 감출 수 없었기 때문이다. 그러나 친구들이 내게 "도대체 누구를 사랑하기에 이리 되었는가?" 하고 물었을 때, 나는 미소를 지으며 그들을 바라보기만 할 뿐 아무 말도 하지 않았다.

하지만 베아트리체는 다른 사람과 결혼했고, 스물네 살에 세상을 떠났다. 따라서 단테는 끝까지 그녀를 사랑할 수 있었다. 그는 이 사랑을 더욱더 확실한 것으로 만들기 위해 젬마 데이 도나티와 결혼해 네 명의 자식을 보았으며, 그녀와 많은 싸움을 벌였다. 단테는 세월이 미모를 지워 버리기 전에, 또는 욕망이 상상의 예리함을 무디게 만들 수 있음을 깨닫기 전에 죽어 버린 여자의 얼굴을 결코 잊지 못했다.

그는 정치에 뛰어들었으나 패배하여 타지로 쫓겨났다. 그의 소유물은 모두 국가에 몰수되었다. 15년 동안 가난과 방랑의 세월을 보낸 단테는 피렌체에 벌금을 내고 제단에서 석방된 죄수로서 굴욕적인 '봉헌' 의식을 치른다면 시민권과 재산권을 온전히 복원해 주겠다는 통고를 받았다. 그는 시인의 긍지로 이를 거부했다. 그러자 점잖은 피렌체인들은 철저한 기독교인답게 그가 어디에서 체포되든 반드시 화형에 처해야 한다고 선포했다. 단테는 체포되지 않았지만, 정신적으로는 화형을 당한 것이나 마찬가지였다. 그가 훗날 지옥을 묘사할 수 있었던 것은 지상에서 지옥을 낱낱이 경험했기 때문이다. 낙원에 대한 그의 묘사가 덜 생생한 것 역시 개인적인 경험이 부족한 탓이다. 단테는 친구도 없이 쫓기는 몸으로 이 도시 저 도시를 떠돌아다니며 몇 번이나 굶어 죽을 위험에 처했다. 어쩌면 그가 쓰기 시작한 시가 그를 광기와 자살의 위험에서 구해 주었는지도 모른다. 아름다움을 창조하거나 진실을 추구하는 일만큼 사람에게서 불순물을 깨끗이 정화해 주는 것은 없다. 단테의 경우처럼 이 두 가지가 한 사람 안에서 합쳐진다면 그는 틀림없이 정화될 것이다. 이 모진 세상은 견디기 힘든 곳이다. 다만, 니체의 말처럼, 이 세상을 극적이고 미학적인 장관이라고 생각하는 사람은 예외다. 세상을 그림으로 옮겨야 할 대상으로 바라본다면 모질고 아픈 느낌이 조금 줄어들 것이다. 그래서 단테는 글을 쓰기로 결심했다. 그는 자신이 어떤 지옥을 겪었는지, 고난이라는 연옥에서 어떻게 정화되었는지, 지혜와 사랑의 인도로 마침내 어떻게 행복이라는 천국에 도달했는지를 무시무시한 비유로 들려줄 생각이었다. 그래서 마흔다섯 살의 나이에 단테는 현대의 가장 위대한 시인 『신곡(*The Divine Comedy*)』을 쓰기 시작했다.

"이생의 한가운데에서", 그는 어두운 숲을 비틀비틀 지나다가 베르길리우스의 손에 이끌려 지옥의 문 앞에 다다른다. 그 문에는 음침한 글귀가 새겨져 있다. "모든 희망을 버려라,

이곳에 들어오는 자여!" 이탈리아어("Lasciate ogni speranza, voi ch'entrate!")로 이 말은 마치 팔다리를 억지로 잡아 늘이고, 살을 찢고, 날카로운 날에 이를 갈아 대는 소리처럼 들린다. 단테는 지옥에 모든 철학자들이 모여 있는 것을 보았으며, 프란체스카 다 리미니가 파올로와 나눈 사랑과 죽음에 대해 이야기하는 것을 들었다고 말한다. 그는 베르길리우스와 함께 이 고통스러운 광경들을 지나 연옥으로 간다. 그리고 베아트리체가 나타나 그를 천국으로 안내한다. 이것이 비유가 아니라면 이 작품은 중세 작품이 아닐 것이다. 시인은 지혜(베르길리우스)가 우리에게서 사악한 욕망을 몰아내고 사랑(베아트리체)이 우리를 행복과 평화로 인도할 때까지는 인간의 삶이라는 것이 언제나 지옥이라고 말한다.

단테 본인은 평생 평화를 맛보지 못했고, 마지막까지 망명객으로 살았다. 조토(1267~1337)는 그림에서 단테의 얼굴과 영혼을 어둡게 묘사했다. 사람들은 단테가 웃는 법이 없다고 말했으며, 그에 대해 이야기할 때는 지옥에서 돌아온 사람이라며 경외심을 드러냈다. 지치고 상심해서 실제 나이보다 더 일찍 늙어 버린 단테는 1321년에 겨우 쉰여섯 살의 나이로 라벤나에서 세상을 떠났다. 그로부터 75년 뒤 피렌체는 한때 화형에 처하려고 했던 그의 재를 넘겨 달라고 간청했으나 라벤나는 거절했다. 단테의 무덤은 지금도 반쯤은 비잔틴의 도

시였던 라벤나의 위대한 기념물 중 하나다. 단테의 시대로부
터 500년 뒤 그곳에서 또 다른 망명객인 바이런(1788~1824)
은 무릎을 꿇고 단테에게 공감했다.

7 　윌리엄 셰익스피어(1564~1616)

볼테르는 이렇게 말했다. "단테는 광인이었으며, 그의 작품
은 끔찍하다. 그의 작품에 주석을 단 사람이 많아서 그를 제
대로 이해하기 힘들다. 아무도 그의 작품을 읽지 않으므로
그의 명성은 계속 높아질 것이다." 볼테르는 또한 이렇게 썼
다. "로페 데 베가*의 시대에 꽃을 피운 셰익스피어는 (……)
야만인"이며 "비극이라고 불리는 기괴한 소극(笑劇)"을 썼다.

18세기 영국인들은 볼테르의 말에 동의했다. 섀프츠베
리 경(1671~1713)은 "셰익스피어는 조야하고 야만적인 정신
을 지니고 있다."라고 말했다. 1707년에 나훔 테이트라는 사
람은 『오셀로』라는 희곡을 쓰면서 "무명의 작가에게서 극
의 아이디어를 빌려 왔다."라고 말했다. 시인 알렉산더 포프
(1688~1744)는 셰익스피어가 왜 그런 작품들을 썼느냐는 질
문에 "사람은 먹고살아야 하니까요."라고 대답했다. 명성이란

---

* 1562~1635, 스페인의 시인 겸 극작가. 스페인 문학에서 세르반테스 다
음가는 명성을 누리고 있다.

이런 것이다. 사람은 절대 자신의 작품에 대한 비평을 읽지 말아야 하며, 후세의 평가에 대해서도 지나치게 호기심을 품지 말아야 한다.

세상에 셰익스피어의 생애를 모르는 사람은 없다. 그가 서둘러 결혼한 것, 쉴 틈 없이 후회한 것, 런던으로 도망쳐서 배우가 되어 자신의 빛과 불길로 낡은 연극들을 새로이 만들어 낸 것, "모름지기 즐길 때보다 뒤쫓을 때 더 활기가 난다."라는 지론을 갖고 거친 키트 말로*와 함께 세상을 뒤집어 놓은 것, 머메이드 주점에서 조지 채프먼, 벤 존슨과 재치 대결을 벌인 것, 점점 부상하던 청교도들에게 전쟁을 선포하고 그들에게 유쾌하게 도전한 것("그대들이 미덕을 지킨다는 이유로 세상에서 빵과 에일이 없어질 것 같소?"), 플루타르크, 프루아사르, 홀린셰드의 책을 읽으며 역사를 공부한 것, 몽테뉴를 읽으며 철학을 공부한 것, 궁극적으로 공부와 고난과 실패를 통해 당대의 모든 극작가를 정복하는 위치에 오른 것, 그 뒤로 지금까지 줄곧 영어를 쓰는 사람들의 세상을 지배한 것.

풍부하고 자유분방한 에너지는 셰익스피어가 지닌 천재성과 결점의 원천이었다. 그 에너지 덕분에 그의 작품들이 깊이와 열정을 지니게 되었고, 그는 쌍둥이를 얻었다. 셰익스피어

---

* 1564~1593, 셰익스피어에게 큰 영향을 끼친 영국 극작가.

가 요절한 것도 이 에너지 때문이었다. 그는 고향인 스트랫퍼드에 갈 때도 도중에 장난을 치지 않고는 배기질 못했다. 그래서 항상 옥스퍼드(스트릿-퍼드와 옥스-퍼드는 아일랜드행 역마차가 통과하는 길목이었다.)에 있는 대버넌트 부인의 여관에 묵다가 결국 어린 윌리엄 대버넌트를 그곳에 남겼다. 윌리엄 대버넌트는 보잘것없는 시인이 되었으며, 자신의 아버지에 대해 한 번도 불평하지 않았다. 한번은 아이가 여관으로 달려오는데 어떤 현자가 그를 멈춰 세우고는 어디로 가는 길이냐고 물었다. "제 내부님인 윌리엄 셰익스피어를 만나러 가요." 하고 아이가 대답하자 현자가 말했다. "얘야, 신의 이름을 그렇게 함부로 쓰는 것이 아니다."

궁정에서 연극을 공연해 달라는 초청을 받은 셰익스피어는 아름다운 숙녀들과 용감한 남자들이라는 햇살을 한동안 즐기다가 메리 피튼과 열정적인 사랑에 빠졌다. 아니, 딱히 메리 피튼이 아닌 다른 '어둠의 숙녀'일 수도 있다. 퀴클리 부인과 돌 테어시트*가 그의 작품에서 사라지고, 품위 있는 포샤**가 등장했다. 그의 영혼이 로맨스와 코미디로 끓어올랐으

---

* 셰익스피어의 작품 『헨리 4세, 2부』에 나오는 인물들. 퀴클리 부인은 여관 주인이며, 돌은 그 여관을 드나드는 매춘부이다.
** 『베니스의 상인』의 여주인공.

며, 그의 마음은 바이올라*와 로절린드**와 에어리얼***을 만들어 내며 즐거이 뛰어놀았다.

하지만 사랑은 결코 그리 만족스럽지 않다. 독을 품은 불안과 상대에게 버림받고 시들어 갈 것이라는 예감이 내밀한 마음 한구석에 있기 때문이다. 로절린드는 이렇게 말한다. "사랑은 그저 광기일 뿐. 분명히 말씀드리지만, 광인처럼 어두운 집과 채찍이 어울려요." 바이론****은 이렇게 말한다. "이런 세상에! 나는 사랑을 합니다. 그리고 거기서 우울함을 배웠죠."

이것이 셰익스피어 비극의 핵심이자 그의 인생의 최저점이었다. 셰익스피어가 가장 귀하게 여기던 친구로서 무한한 사랑의 소네트를 바친 "W. H."가 나타나서 그가 새로이 열정을 바치던 '어둠의 숙녀'를 훔쳐 갔기 때문이다. 그는 격노해서 소네트에 광기와 의심의 노래들을 추가했으며, 지옥 같은 고통 속으로 침잠해 깊은 슬픔으로 자신의 심장을 갉아 댔다. 그런 심정을 만인의 눈앞에 적나라하게 드러낸 작품이 바로 『햄릿』, 『오셀로』, 『맥베스』, 『아테네의 티몬』, 『리어왕』이다. 하

---

*『십이야』의 여주인공.

**『뜻대로 하세요』의 등장인물.

***『템페스트』의 개구쟁이 요정.

****『사랑의 헛수고』의 등장인물.

지만 괴로움은 그의 생각에 깊이를 더했다. 그래서 편안한 희극과 단순한 등장인물들 대신 복잡한 인물들이 얽히고설킨 비극 속에서 피할 수 없는 어두운 운명을 향해 움직이는 이야기를 쓰게 되었다. 절망을 통해 누구보다 위대한 시인이 된 것이다.

우리가 셰익스피어에게서 가장 좋아하는 점은 바로 그의 대사에 깃든 광기와 풍요로움이다. 그의 문장은 그의 인생과 마찬가지로 활기, 소란함, 색채, 과도함으로 가득하다. "과도함만큼 성공을 불러오는 것은 없다." 이런 문체는 온통 숨도 쉬기 힘들 만큼 다급하다. 셰익스피어는 시간에 쫓겨 글을 썼으며, 그것을 후회할 틈 같은 것은 전혀 없었다. 그는 자기가 쓴 문장을 지운 적도, 교정을 본 적도 없었다. 자신의 희곡이 언젠가 무대에서 공연되기보다 독서의 대상이 될 것이라는 생각은 한 번도 그의 머리에 들어오지 않았다. 그는 미래를 전혀 생각하지 않고, 자신의 열정을 제멋대로 풀어 둔 채 글을 썼다. 단어, 이미지, 구절, 아이디어 등이 그의 머릿속에서 끊임없이 어마어마하게 콸콸 쏟아져 나왔다. 그것들이 도대체 얼마나 요란하게 날뛰는 샘에서 솟아나온 건지 감탄스럽다. 그는 "뇌에 구절들의 주조 공장"을 갖고 있었으며, 그의 섬세한 광기는 치밀한 상상력에서 나왔다.

이토록 당당하고 자유분방하게 언어를 지배하거나 사용한

사람은 일찍이 없었다. 앵글로색슨 단어들, 프랑스어, 라틴어, 술집에서 오가는 말, 의학 용어, 사법 용어, 경쾌한 단음절 대사와 길이가 30센티미터를 넘길 듯 길고 낭랑한 대사, 어여쁜 숙녀 같은 완곡한 표현과 거친 관용구에서 가져온 음탕한 말, 이런 영어를 감히 쓸 수 있는 사람은 오로지 엘리자베스 여왕 시절의 사람뿐이었다. 요즘 사람들은 더 예의 바른 반면, 힘이 줄어들었다. 톨스토이의 말처럼, 플롯은 확실히 구제 불능이다. 말장난은 미숙하고, 학자들은 베이컨과 거리가 먼 실수투성이 군단이며, 철학은 굴복과 절망으로 가득하다. 하지만 이런 것은 중요하지 않다. 페이지마다 영혼의 신적인 에너지가 흐르는 것이 중요하다. 이것만 있다면 우리는 사람이 무슨 짓을 해도 용서할 수 있다. 삶은 비평의 대상이 아니고, 셰익스피어는 삶보다도 더 살아 있다.

8 존 키츠(1795~1821)

잠시 가만히 멈춰 서서 우리가 지금까지 그냥 지나쳐 버린 위대한 사람들을 헤아려 보자. 먼저 레스보스섬에서 서정적인 사랑을 흩뿌리던 사포가 있고, 그다음에는 에우리피데스보다 훨씬 더 많이 디오니소스상을 탄 아이스킬로스와 소포클레스가 있다. 영민한 카툴루스, 품격 있는 호라티우스, 활기찬 오비디우스, 유창한 베르길리우스, 페트라르카와 타소,

오마르 — 피츠제럴드, 초서와 비용.

하지만 우리가 이제부터 저질러야 하는 죄에 비하면 이것은 사소한 잘못에 불과하다. 밀턴과 괴테조차 선택받지 못할 것이고, 윌리엄 블레이크와 로버트 번스, 바이런과 테니슨, 위고와 베를렌, 하이네와 포도 마찬가지다. 시의 장난꾸러기인 하이네와 시의 짝꿍인 포. 이들을 제외하는 것은 용서받을 수 없는 죄 같다. 어느 작품 하나 아름답지 않은 것이 없는 테니슨, 인생 그 자체가 서정적인 비극이었던 바이런, 이들조차 자리를 내수어야 할 만큼 위대한 사람이 누구일까? 설상가상으로 군주와 유력자처럼 시를 쓰고, 영어가 이사야의 히브리어처럼 천둥과 번개를 불러오게 만들었던 존 밀턴도 포함시키지 않겠다니.

무엇보다 최악은 독일의 영혼인 괴테를 제쳐 두는 것이다. 젊을 때 괴테는 하이네처럼 시를 썼고, 나이를 먹은 뒤에는 에우리피데스처럼 시를 썼으며, 노년에는 고딕 성당 같은 시를 썼다. 혼란스럽고 한없이 놀라운 시였다. 그러니 제정신이 박힌 독일인이라면, 유럽인이라면, 어찌 이런 처사를 참을 수 있을까? 하지만 신경 쓰지 말고, 용감하게 죄를 저지르자. 철학자 괴테의 이름 대신 시인 존 키츠의 이름을 부르자.

1819년에 폐병으로 쓰러진 키츠는 병상에서 몇 주를 보낸 뒤 약혼녀 패니 브론에게 다음과 같은 편지를 썼다. "여러 밤을 불안에 잠겨 뜬눈으로 지새우고 보니, 이런저런 생각들이 불쑥불쑥 떠오릅니다. '이대로 죽는다면, 나는 불멸의 작품을 하나도 남기지 못하겠구나. 내 친구들이 나와의 추억을 자랑스러워할 만한 작품. 하지만 나는 무엇을 하든 아름다움의 원칙을 사랑했다. 만약 시간이 있었다면, 나는 나를 기억할 만한 것을 남길 수 있었을 것이다.'"

'만약 시간이 있었다면⋯⋯.' 이것이 바로 모든 위인들의 비극이다. 키츠는 그 뒤로 중요한 작품을 전혀 쓰지 못했다. 그럼에도 우리는 키츠로 인하여 그의 친구들을 기억한다. 그는 영어만큼이나 영원하고 셰익스피어보다 더 완벽한 작품들을 남겼다. 이제 그에 대한 이야기는 이쯤에서 그치고, 키츠의 시로 기분 전환을 해 보자. 그는 나이팅게일에게 다음과 같이 노래했다.

> 어둠 속에 나는 듣는다. 너무나 자주 나는
> 편안한 죽음을 반쯤은 사랑했거니,
> 많은 노래로써 죽음을 다정스러이 부르며
> 내 고요한 숨결을 바람에 흩으라 빌었거니.
> 지금은 어느 때보다도 죽음에 풍요한 듯,
> 아무런 고통 없이 한밤중에 끝나 버림에는.
> 그러한 황홀 속에 네가 너의

영혼을 쏟는 그동안.

그때도 너는 노래하고 내 귀는 들어도 못 듣고 ―

너의 드높은 진혼곡 속에 나는 한 줌의 흙이 되리.*

우울함에 대해서는 다음과 같이 노래했다.

그녀는 아름다움과 함께 산다, 반드시 죽어야 하는 아름다움

그리고 기쁨, 항상 입술에 손을 대고

안녕이라고 말하지, 근처의 고통스러운 기쁨은,

벌들이 홀짝거리는 동안 독으로 변한다.

그래, 바로 기쁨의 신전에서,

베일을 쓴 우울이 그녀에게 최고의 성역이었다.

고급스러운 입맛에 맞서 기쁨의 열매를

힘찬 혀로 터뜨릴 수 있는 그를 제외하고는 어디서도 보이지

　　　않지만,

그의 영혼이 그녀의 슬픈 힘을 맛보고,

그녀의 흐린 트로피들 사이에 걸릴 것이다.

---

* 「나이팅게일에 부치는 노래」. 번역은 김우창 옮김, 『가을에 부처』(민음
사, 1991), 46~48쪽에서 인용했다.

그는 태양을 찾아 영국에서 이탈리아로 갔지만, 바다에서 만난 폭풍이 그의 몸을 두들겨 댔고, 남쪽의 흙먼지 역시 그에게 전혀 도움이 되지 못했다. 그는 몇 번이나 피를 한 컵씩 토했다. 그러면서 패니 브론의 편지를 차마 읽을 수가 없으니 자신에게 보여 주지 말라고 부탁했다. 그는 그녀에게도 다른 친구들에게도 더 이상 편지를 쓰지 않았다. 그에게 남은 것은 죽음뿐이었다. 그는 독을 먹으려고 했지만, 친구인 조지프 세번이 그에게서 독을 빼앗았다. 세번은 "죽음에 대한 생각만이 그에게 위안이 되는 것 같다. 그는 기쁜 듯이 죽음을 이야기한다. 건강을 회복한다는 생각은 그에게 그 무엇보다도 두려운 것이다."라고 말했다. 생의 막바지에서 "그의 마음은 점점 고요하고 평화로워졌다." 키츠는 자신의 묘비명을 구술했다. "물 위에 이름이 적힌 자가 여기 잠들다." 그는 의사에게 몇 번이나 같은 질문을 던졌다. "이미 죽음의 문턱을 넘은 나의 이 삶이 언제나 끝나겠습니까?" 마지막 고통이 다가오자 그는 이렇게 말했다. "세번, 날 일으켜 주게. 죽어 가고 있으니. 나는 편안하게 죽을 거야. 겁내지 마. 이제 죽음이 왔으니 얼마나 다행인지." 1821년 2월 23일이었다. 그의 나이는 스물다섯 살. "만약 시간이 있었다면!"

9 퍼시 비시 셸리(1792~1822)

셸리는 결핵균과 《쿼털리 리뷰》* 때문에 키츠가 세상을 떠났다는 소식을 듣고 오랜 칩거에 들어가 자신의 분노와 슬픔을 영어로 된 애가(哀歌) 중 가장 위대한 작품인 『아도나이스(Adonais)』에 쏟아 냈다. 여성적인 감수성으로 운명의 바람을 하나도 빼놓지 않고 느끼던 그이니, 자신의 운명과 키츠의 운명이 얼마나 밀접하게 묶여 있는지 틀림없이 느꼈을 것이다. 자신 역시 곧 시와 현실 사이의 영원한 전쟁에서 패해 쓰러지리라는 것을.

헨리 메인(1822~1888) 경의 말처럼, 셸리는 '자연 상태', 루소의 황금시대에 대한 꿈을 자신의 삶과 생각의 바탕으로 삼았다. 루소는 황금시대에 모든 인간이 평등했다고, 아니 평등할 것이라고 생각했다. 이상과 현실, 포부와 역사의 균형을 맞추는 '사적(史的) 연구 방법'에 대해서는 거의 생리적인 적대감을 느꼈다. 셸리는 역사책을 읽을 수 없었다. 비참한 일들과 범죄 이야기가 담긴 혐오스러운 기록처럼 보였기 때문이다. 셸리는 어떤 시대를 공부하든 항상 사람들의 실제 행동과 변화 대신 시와 종교, 이상적인 감정과 욕망을 찾으려 했다. 그래서 투키디데스보다 아이스킬로스를 더 잘 알았고,

---

* 1809년에 영국에서 창간된 문학, 정치 정기 간행물.

아이스킬로스의 극에서 프로메테우스가 묶여 있다는 사실은 잊어버렸다. 그 자신의 고통보다 더 확실한 것이 어디 있을까?

그는 자신의 '미모사'*만큼이나 민감해서, 더 강인한 식물들은 거뜬히 살아남아 꽃을 피우는 곳에서도 금방 죽어 버렸다. 그는 줄리언**의 입을 통해, 자신을 "달리는 느껴지지 않았을 이 땅의 억압 위를 기는 신경 덩어리인 나"라고 묘사했다. 아직 채 성인이 되지 못한 이 섬세한 청년을 보고, 그가 이단적인 글로 영국 전역을 들끓게 한 사람이라고는 아무도 생각하지 못했을 것이다. 에드워드 트릴로니***는 처음 그를 만났을 때 이렇게 썼다. "수염도 나지 않은 이 온화한 인상의 젊은이가 온 세상과 전쟁 중인 진짜 괴물이라는 게 과연 가능한 일인가?" 화가 맥크리디는 셸리의 얼굴이 "너무나 아름답고" 그 아름다움이 쉽사리 손에 잡히지 않기 때문에 그의 얼굴을 그릴 수 없다고 말했다. 그의 영혼은 어딘가 다른 곳에 있다는 것이었다.

셸리만큼 철저하게 또는 전적으로 시인이었던 사람은 없다. 시인들에게 셸리는 그가 등장하기 이전의 에드먼드 스펜

---

* 미모사는 영어로 sensitive plant(민감한 식물)라고 불린다.
** 셸리 사후에 발표된 시 「줄리언과 마달로」에 나오는 이름.
*** 1792~1881, 영국의 전기 작가이자 소설가. 모험가이기도 했다.

서*와 같다. 즉 시가 의미하는 모든 것이 그대로 구현된 존재라는 얘기다. 셸리는 그 유명한 「시의 옹호」에서 이렇게 말했다. "시, 그리고 돈을 통해 눈에 보이게 구체화되는 자아의 원칙은 이 세상의 하느님과 탐욕의 신이다. (……) 그러나 단테, 페트라르카, 보카치오, 초서, 셰익스피어, 칼데론, 베이컨 경도 밀턴도 존재하지 않았다면, 라파엘로와 미켈란젤로가 태어나지 않았다면, 히브리의 시가 한 번도 번역되지 않았다면, 그리스 문학에 대한 연구가 되살아나지 않았다면, 고대 조각가들이 남긴 기념물들이 우리에게 하나도 전해지지 않았다면, 고대 세계의 종교시들이 신앙과 함께 사라져 버렸다면 이 세상이 도덕적으로 어떤 상황이었을지 도무지 상상조차 해 볼 수 없다."

1822년 7월 8일에 셸리는 친구 윌리엄스와 함께 레리치의 섬에서 머물던 집 카사 마그니를 떠나 자신의 배 에어리얼호를 타고 스페치아만을 건너 레그혼으로 가서 가난한 리 헌트**와 그의 대가족을 만났다. 헌트는 셸리의 생각 없는 초대를 받고 이탈리아에 그의 손님으로 온 참이었다. 셸리의 작은 돛단배는 레그혼까지 무사히 여행을 마쳤지만 그들이 함께 돌아오려

---

* 1552~1599, 영국의 시인.
** 1784~1859, 영국의 평론가 겸 시인.

는 순간 하늘이 폭풍을 예고했다. 헌트는 식구들과 함께 남아 있다가 다음 날 만을 건너기로 했지만 셸리는 레리치로 돌아가겠다고 고집을 피웠다. 메리 셸리와 윌리엄스 부인이 레리치에 남아 있기 때문이었다. 남편들이 돌아가지 않으면 두 부인이 걱정할 터였다. 두 젊은이가 항구를 떠나자, 근처 배들의 선원들이 그들을 말렸다. 하지만 두 사람은 배를 멈추지 않았다.

그날 밤 두 사람이 카사 마그니에 나타나지 않았을 때, 메리 셸리는 운명이 자신의 시인을 데려갔음을 깨달았다. 그녀는 걷잡을 수 없는 절망에 빠져 어쩔 줄 모르다가 다음 날 아침 일찍 배를 구해 레그혼으로 떠났다. 레그혼에서 그녀는 헌트와 바이런을 만났지만, 윌리엄스와 셸리의 모습은 보이지 않았다. 바이런은 곧 힘차게 나서서 몇 킬로미터나 되는 해안을 수색하게 했다. 그로부터 여드레 뒤에야 비로소 윌리엄스의 시신이 발견되었다. 잔뜩 부풀어서 모래 위에 쓰러진 그는 거의 알아볼 수 없는 모습이었다. 셸리는 이틀이 더 지난 뒤에 발견되었다. 하지만 독수리들이 살을 뜯어먹고 남은 잔해뿐이었다. 얼굴도 도저히 알아볼 수 없을 만큼 훼손되어 있었다. 사람들이 셸리를 알아볼 수 있었던 것은 순전히 한쪽 주머니에 든 소포클레스의 책과 다른 쪽 주머니에 든 키츠의 책 덕분이었다.

토스카나의 법에 따르면, 바다가 내던진 시체는 전염병 예방을 위해 반드시 불에 태워야 했다. 그래서 바이런과 헌트와 트릴로니가 장작을 쌓았다. 시체가 반쯤 탔을 때, 트릴로니가 불길 속에서 심장을 낚아챘다. 셸리의 아내는 그 심장을 로마의 프로테스탄트 묘지에 있는 키츠 근처에 묻어 주었다. 묘석에 적은 말은 딱 한 줄뿐이었다. Cor cordium, '심장 중의 심장'. 29년 뒤 그녀가 죽었을 때, 그녀가 지니고 있던 책『아도나이스』에서 (비단 주머니에 든) 죽은 연인의 재가 발견되었다. 좌절한 남자에게서 하염없이 솟아나는 희망과 불멸을 노래한 페이지였다.

10   월트 휘트먼(1819~1892)

오라, 뮤즈여, 그리스와 이오니아에서
엄청나게 과잉 지불된 계좌들은 부탁이니 지워 버리고,
트로이의 문제, 아킬레우스의 분노,
아이네이아스와 오디세우스의 방랑,
눈 덮인 파르나소스산의 바위에 '제거'와 '대여' 현수막,
예루살렘에서 되풀이하라. 욥바 문과 모리아산에
　　　그 현수막을 높이 걸어서
유럽의 고딕 성당들, 독일, 프랑스, 스페인 성들의 벽에도
　　　똑같이

더 낮고, 더 신선하고, 더 분주한 지역을 알기 위해, 널찍한
    미지의 영역이 기다린다, 그대를 다그친다.

그대가 이 수수께끼, 신세계를 증명할 무언가를 요구했다고
    들었다,
아메리카를, 그곳의 씩씩한 민주주의를 정의할 무언가도.
그래서 내가 나의 시들을 보낸다. 그 안에서 그대가 원한
    것을 보리라.

주위의 삶 속에서 시의 요소, 인간 드라마의 장면들을 보는 사람이 나타난 것은 문학의 역사에서 엄청난 혁명이었다. 그는 개척자 정신을 노래에 담는 방법을 찾아냈으며, 자연과 거리가 먼 살롱들보다 별빛 아래에 더 많은 시가 존재한다는 것을 알아보았다. 시인이 평범한 사람들의 삶 속에서 고귀한 시의 소재가 될 만한 테마를 찾아낸 것은 역사상 거의 처음 있는 일이었다. 그는 사람들을 문학 속으로 끌어올려 시의 독립 선언서이자 인권 선언서가 되었다. 그는 아서 왕이나 이미 기억 속에서 사라진 신들의 잊힌 신화 같은, 죽어 버린 이상이 아니라 자신이 살고 있는 거친 나라, 믿음이 잘 가지 않는 민주주의, 소란스러웠던 자신의 성장기를 구현했다. 그리스에는 호메로스가 있고, 로마에는 베르길리우스가 있고, 이

탈리아에는 단테가 있고, 영국에는 셰익스피어가 있다면, 미국에는 그가 있었다. 많은 결점을 지닌 그 나라에서 그는 감히 노래의 소재를 찾아냈다. 이 나라의 새로운 삶을 위해 새로운 형태의 시도 만들어 냈다. 그 자신처럼 느슨하고 불규칙하며, 유려하고 강한 시였다. 그의 시선과 노래가 워낙 진실했으므로, 마침내 그는 민주주의와 미국의 시인일 뿐만 아니라, 위대한 영혼과 보편적인 통찰력을 지닌, 현대 세계의 시인이 되었다.

프랑스의 한 비평가는 "『풀잎』의 독창성은 아마도 지금껏 문학에 분명히 드러난 가장 절대적인 것인 듯하다."라고 말한다. 먼저 언어의 독창성. 여기에는 언어의 섬세한 뉘앙스도, 셀리처럼 모호한 형이상학적 표현도 없다. 남성적인 형용사와 명사, 분명하고 무뚝뚝한 단어들, 시의 거리와 벌판에서 대담하게 가져온 그런 표현들이 있을 뿐이다.("나는 평범한 시적인 표현들을 배제하기가 아주 힘들었지만 결국은 해내고 말았다.") 그다음에는 형식의 독창성. 운율이 없다. 가끔 그가 실패해 "대장님, 나의 대장님"* 같은 구절이 나올 뿐이다. 그의 시에는 규칙적인 운율 대신 호흡이나 바람이나 바다처럼 자유롭고 다양한 리듬이 있을 뿐이다. 하지만 무엇보다도 중요

* 휘트먼이 1865년에 링컨의 죽음에 관해 쓴 시.

한 것은 소재의 독창성이다. 모든 것에 감탄하는 아이가 오래전부터 존재했지만 여전히 참신한 자연의 경이를 바라보는 것 같은 소박함("일출의 소리 없는 철썩임", "땅을 미친 듯이 밀어붙이는 파도"), 새로운 경험을 할 때마다 모든 사람과 자신을 생생하게 동일시하는 것("내 목소리는 아내의 목소리, 계단 난간을 미끄러지는 날카로운 소리, 그들이 물에 빠져 물을 뚝뚝 떨어뜨리는, 내 남자의 몸을 떠메고 온다."), 모든 신조를 거부하고 사랑하는 열린 마음의 용감한 진정성, 솔직하게 욕망을 드러내는 몸, 탁 트인 길의 톡 쏘는 분위기와 향기, 여자들에 대한 옹호와 이해.

많은 아이를 낳은 어머니의 늙은 얼굴!

쉿! 난 완전히 만족해……

여자를 봐!

퀘이커 모자를 쓴 그녀가 보고 있어 — 하늘보다 더 맑고
    아름다운 그녀의 얼굴

그녀가 농가의 차양이 늘어진 포치 아래에서 안락의자에
    앉아 있어,

늙어서 하얘진 그녀의 머리를 태양이 비추고.

넉넉한 원피스는 크림색 아마포로 된 것이지.

그녀의 손자들이 아마를 길렀고, 손녀들이 물레로 실을

자았어.

음악이 흐르는 것 같은 땅,

철학이 넘어갈 수도 없고 가고 싶어 하지도 않는 마지막,

정당성을 인정받은 남자들의 어머니 —

개인주의와 민주주의의 심오한 통합, 우주를 휩쓸며 모든
사람을 받아들이고 세상에 인사를 건네는 그의 상상력과 연
민, 이 모든 것이 전통, 편견, 고대의 틀에 갇힌 정신에게 생기
를 불어넣는 충격이었다. 그리고 이것들이 반발을 불러일으
켰다는 사실 자체가 그 힘과 필요성의 증거였다. 온 미국이
그를 비난했으나 한 사람만 예외였다. 그는 자신의 기품을 보
여 주는 상징이 된 편지 한 통으로 그를 구했다. 1855년 7월
21일에 에머슨은 휘트먼에게 다음과 같은 편지를 보냈다.

안녕하십니까,

저는 『풀잎』의 놀라운 재능이 지닌 가치를 알아보지 못하는
사람이 아닙니다. 제가 보기에 이 작품은 미국이 지금까지 내
놓은 작품 중에서도 재치와 지혜를 담은 가장 놀라운 작품입니
다. 저는 이 작품을 읽으면 몹시 행복해집니다. 커다란 힘은 우
리를 행복하게 만들어 주는 법이니까요. (……) 당신의 자유롭
고 용감한 생각은 즐겁습니다. (……) 위대한 미래의 초입에 선

당신에게 인사를 건넵니다. 하지만 어딘가에 여기까지 이어진 길이 있겠지요. 이런 굉장한 출발이라니요. 저는 이 햇살이 혹시 환상이 아닌지 보려고 눈을 조금 비볐습니다. 손에 분명히 잡히는 책의 느낌이 정말 확실하군요. (……) 저의 은인을 만나고 싶습니다. 제가 맡은 일을 해치우고 뉴욕에 가서 당신을 찾아뵙고 싶은 마음이 간절합니다.

R. W. 에머슨

휘트먼은 세상을 떠났지만, 그건 아주 최근의 일이다! 우리가 어렸을 때 그는 아직 살아 있었다. 그러니 우리 시대에도 거인들이 나올 수 있다는 얘기다. 이토록 아둔하고 젊은 미국도 누구와도 다르며 최고의 반열에 오른 시인을 만들어 낼 수 있다는 얘기다. 몇 달 전 나는 캠든에 있는 그의 집 안에 서 있었다. 그가 몸이 마비된 채 오랫동안 병상에 누워 있었던 집이다. 천재 또한 죽을 수밖에 없음을 일깨워 주는 그 모든 물건들을 둘러보며 나는 슬퍼했다. 그러다가 그의 책을 집어들고 항상 내 머릿속을 떠나지 않는 구절들을 읽어 보았다. 작별의 말로 남겨진 그 구절은 다른 사람들의 기억에도 한없이 출몰할 것이다.

나는 공기처럼 떠난다 ── 제멋대로 날뛰는 태양을 향해 나의 하얀 머리채를 흔든다.

나의 살을 회오리처럼 풀어내 낡은 레이스 같은 끝자락으로

　　떠내려 보낸다.

흙에게 나를 남겨 내가 사랑하는 풀에서 자라나리라.

나를 다시 보고 싶다면, 신발 밑창 아래에서 날 찾아보라.

내가 누구인지, 내 말이 무슨 뜻인지 알 수 없겠지만

그래도 나는 당신에게 건강,

당신의 피를 거르는 필터가 되리라.

처음에는 나를 찾지 못하더라도 실망하지 마오.

한 곳에 내가 없다면, 다른 곳을 찾아보면 될 일.

나는 어딘가에 멈춰 서서 당신을 기다릴 터이니.

4

교육을 위한 최고의 책 100

내가 부자라면 책을 아주 많이 갖고서, 눈에는 밝고 손에는 부드러운 책을 실컷 만질 것이다. 아주 튼튼한 종이에, 인쇄술이 어린이와 같던 시절에 사람이 디자인한 활자가 찍힌 책을.

나는 나의 신들에게 가죽과 황금의 옷을 입히고, 밤마다 그들 앞에서 양초를 태워 예배드리며 그들의 이름을 묵주의 구슬처럼 꿸 것이다. 바깥 광경과 소리가 들어오지 않는 안전한 곳에 널찍하고 어둡고 서늘한 서재도 만들 것이다. 호리호리한 여닫이 창문은 조용한 들판을 향해 열리고, 관능적인 의자들은 영적인 친교와 상념을 부르고, 갓을 씌운 램프들은 여기저기의 성소를 비추고, 벽은 우리 인류의 정신적 유산으로 빽빽이 뒤덮인 서재. 그곳에서 내 손과 영혼은 언제든 친구들을 환영할 것이다. 그들의 영혼이 굶주렸고, 그들의 손이 깨끗하다면. 나의 책들을 모셔 둔 그 신전 한복판에 나는 세상의 모든 교육적인 문헌들 중 '최고의 100권'을 모을 것이다.

나는 커다란 미국 삼나무 탁자를 상상한다. 웨스트민스터 성당의 헨리왕 예배당을 위해 나무를 조각했던 예술가들이 사랑스럽고 섬세하게 꾸민 탁자다. 오늘날 집을 지을 때 쓰는 콘크리트와, 침대나 책상을 만들 때 쓰는 쇠처럼 단단한 소재들을 몹시 싫어하는 걸 보면 나는 틀림없이 늙은 보수주의자다. 무엇이든 나무로 만들어진 것에 나는 애정을 갖고 유기적으로 반응한다. 탁자 중앙에는 나의 '최고의 100권'을 그대로 보여 주면서도 또한 보호하는 역할을 하는 유리 상자가 있을 것이다. 내 친구들이 매주 가끔 몇 시간씩 들러 그곳에 편안히 앉아, 애정이 담긴 눈으로 한가로이 책을 하나씩 훑어보는 모습을 상상해 본다.

여러분도 나와 함께 탁자에 앉겠는가? 여러분 중에는 이제 막 교육을 받을 준비가 된 대학 졸업생도 있을 것이고, 대학에 갈 기회가 없었던 사람도 있을 것이고, 대학에서 우리 아이들이 최신 도덕 관념 외에 또 무엇을 배우는지 한 번도 생각해 보지 않은 사람도 있을 것이다. 아이들이 충분히 나이를 먹은 뒤 대학에 들어온다면 훌륭한 것들을 많이 배울 수 있을 것이다. 하지만 이 복잡한 시대에는 아이들이 자라는 데 워낙 오랜 시간이 걸리기 때문에, 대학에 들어갈 나이가 되어도 여전히 미숙해서 대학이 아낌없이 제공하는 보물들을 흡수하거나 제대로 이해하지 못한다. 학교 수업이 아니라 인생의 현장에서 공부하는 것도 좋을 것이다. 현실의 거친 가르침 덕분에 성숙해진 사람들은 위인들에 대해 배울 준비가 어느 정도 되어 있다. 여기 이 널찍한 탁자에서 여러분은 '정신의 인터내셔널'에 가입할 준비를 갖추게 될 것이다. 그리고 플라톤과 레오나르도 다빈치, 베이컨과 몽테뉴의 친구가 될 것이다. 이 훌륭한 사람들을 통과한 뒤에는 여러분이 살고 있는 시대와 지역에서 가장 뛰어난 지도자들과 어울리기에 걸맞은 사람이 되어 있을 것이다.

하루에 한 시간을 할애할 수 있는가? 만약 삶이 복잡하고 할 일이 너무 많아서 이런 섬세한 공부를 할 여가가 없다면, 끝도 없는 신문 기사들이 쓸데없이 여러분의 시간을 잡아먹는 일요일 오전에 한두 시간 짬을 내서 책을 읽지 못한 평일 저녁 시간을 벌충할 수 있겠는가? 내게 일주일에 일곱 시간을 준다면 여러분을 학자와 철학자로 만들어 주겠다. 4년 뒤면 여러분은 이제 갓 철학 박사 학위를 받은 사람들 못지않은 학식을 갖추게 될 것이다.

하지만 오해하면 안 된다. 위인들과의 이런 친교에서 물질적인 이득을 기대하는 것은 안 될 말이다. 나중에 여러분이 성숙해지고 배경지식을 든든히 갖추게 된다면 부수적으로 약간의 이득이 들어올지도 모르지만 이런 수익은 보험 회사의 배당금처럼 결코 보장된 것이 아니다. 오히려 여러분은 직업이나 일에 쏟을 '시간을 잃게' 될 것이다. 많은 돈을 벌고 싶다면 고담준론을 내려놓고 지상의 일에만 계속 집중하는 편이 낫다. 공부를 하다 보면 장애물을 만나기도 할 것이다. 가끔 뜻이 모호하거나 아주 두꺼운 책, 등급을 올려 주지만 힘든 장애물을 만난다면 거기에 온 힘을 쏟아야 할 것이다. 우리가 책들에 절대적인 등급을 매겨 100권을 골라내는 작업을 하려는 것이 아님을 명심해야 한다. 단순히 아름다운 걸작의 목록을 만들려는 것이 아니다. 우리는 학식을 높이는 데 가장 뛰어난 책들을 고를 작정이다.

우리는 질서 있는 정신을 원하고, 산만한 독서로 인한 혼란은 피하고 싶어 하므로 가장 처음으로 돌아가 저 먼 별들과 고대 지구를 출발점으로 삼을 것이다. 그리고 이 출발점이 우리의 행로에서 최악의 장애물이 될 것이다. 로마인들은 이렇게 말했다. Initium dimidium facti, 즉 "시작이 반이다." 단단히 준비하고 용기를 내서 처음부터 나타난 이 산들을 향해 달려들자. 그러면 나머지는 평탄한 길이 될 것이다. 이정표가 나올 때마다 지식과 지혜를 얻을 수 있고, 어디를 보아도 아름다운 풍경이 기분 좋게 뻗어 있을 것이다. 우리는 지금 오로지 즐거움만 원하는 것이 아니라, 공부도 원한다. 그냥 공부가 아니라 우리가 얻는 지식이 기억 속에서 논리적인 순서로 정리되어 우리에게 마침내 지식의 원천과 최고봉을 한눈에 바라볼 수 있게 해 주는, 질서 있는 공부다.

따라서 우리 목록의 맨 앞에 자리한 책들, 즉 나머지 책들을 읽는 데 꼭 필요한 개론서 역할을 하는 책들이 가장 무시무시하다. 존 아서 톰슨(1861~1933)의 『과학 개요』를 첫 번째로 놓는다면 수많은 사람들이 가시 돋친 말을 해 댈 것이다. 오호, 애석하구나! 미국식 아침 식사 같은 다이제스트 판을 양식으로 삼으란 말인가? 설상가상으로, 제대로 된 역사학자라면 모두 귀신 보듯 바라보는 허버트 조지 웰스(1866~1946)의 『역사 개요』가 우리 목록에 다섯 번째로 올라 있다. 이건 용서할 수 없다. 비평가가 자제력을 발휘해야 할 텐데. 이런 책들이 최고의 책들의 대용품으로, 그리고 그 책들을 읽기 위한 준비 과정으로 어디까지 이용되는지 비평가도 곧 알게 될 것이다. 우리는 약간의 불쾌감을 감수하더라도, 우리가 사는 이 세상에 대해 현재 과학이 내놓는 설명을 반드시 익혀야 한다. 천문학과 생물학에 대한 배경지식을 조금 갖춰야 인류를 생각하는 우리의 태도가 어느 정도 겸손해질 수 있다. 우리는 또한 전자와 염색체에 대한 최신 가십을 알아야 하며, 물리학과 화학이 세상을 바꿔 놓는 모습을 잠시 가만히 바라볼 필요가 있다.

그다음에는 우리 자신에게로 눈을 돌려, 여기서도 개론을 익혀야 한다. 건강에 관한 지식을 마지막으로 미루는 것은 좋지 않다. 만약 4년 뒤 우리가 지식은 얻었으되 소화 불량에 걸려서, 머리는 철학자이지만 몸은 폐허인 꼴이 된다면 어쩔 것인가? 그러니 위대한 의사 두 명이 살아가는 법에 대해 내놓은 경쟁적인 이론들을 살펴보자. 클렌드닝 박사는 우리가 먹고 마시고 피우고 행동하는 것이 대부분 몸에 좋다는 황당한 말을 하는 반면, 켈로그 박사는 70년의 경험과 혈색 좋고 건강한 자신의 몸만을 근거로 그런 구식 방법이 모두 틀렸다고 말할 것이다. 나는 켈로그 박사의 말이 대체로 옳다고 믿는다. 하지만 켈로그 박사와 우리가 모두 대체로 틀렸을 가능성도 생각해 볼 수 있다.

우리에게는 몸뿐만 아니라 정신도 있다. 그리고 우리가 인류의 역사를 생각하기 이전에 우리 자신을 이해하기 위해 어느 정도 노력을 기울여야 할 것 같다. 그렇다면 윌리엄 제임스를 찾아갈 일이다. 그는 한 세대보다 더 이전에 활동했지만, 그의 『심리학의 원리』는 지금도 그 분야의 걸작이다. 한 권으로 된 축약판은 보지 말라. 그보다 긴 원전이 더 읽기 쉽다. 제임스를 완전히 포위할 때까지는 정신분석이나 행동주의 심리학 같은 심리학계의 일시적인 유행에 신경 쓸 필요가 없다. 제임스의 지식을 흡수한 뒤에는 이런 유행에 면역이 생길 것이다. 수동적인 독서가 아니라 능동적인 독서를 해야 한다. 단계마다 자신이 읽은 내용이 자신의 경험과 일치하는지, 앞으로 인생의 지침으로 그것을 얼마나 응용할 수 있을지 생각해 보라는 뜻이다. 저자의 주장에 동의하지 않거나 그의 주장이 이단 같아서 충격을 받더라도 계속 읽어야 한다. 다름을 너그러이 받아들이는 것도 신사의 특징 중 하나다. 자신의 성격(다른 사람의 성격이 아니다.)을 재구축하는 일이나 자신의 목표를 성취하는 데 도움이 될 만한 구절들은 모두 적어 두고, 이 메모들을 정리해서 언제 어디서든 금방 찾아볼 수 있게 해야 한다.

이런 개론서들은 시간을 두고 느긋하게 읽는다. 지혜의 요새 외곽에 자리 잡은 이 모호하고 높은 구조물들을 장악하려면 오랜 포위 공격이 필요하기 때문이다. 혹시 소화에 무리가 된다 싶으면, 목록 중에 좀 편안한 것들을 골라서 양념으로 치면 된다. 예를 들자면, 플루타르크나 오마르, 조지 무어, 라블레, 포(목록의 16, 31, 32, 45, 91번) 등이 있다. 사실 그룹 10과 11에 포함된 책들은 대부분 다른 책들이 묵직하게 우리를 짓누를 때 전채 요리 역할이나 숨통을 틔워 주는 역할을 할 것이다.

처음에는 웰스조차 조금 지루할 것이다. 그가 파충류와 어류, 크로마뇽인과 네안데르탈인을 설명하는 부분은 조금 따분하다. 하지만 이 지질 시대들을 기어올라서 고생물들의 잔해와 인류의 기원을 헤치고 나아가야 한다. 보기만 해도 기가 질리는 단어들에 이를 날카롭게 갈고, 조금씩 어려움을 받아들여 무슨 일이 닥쳐도 이겨 낼 수 있도록 자신을 단련 해야 한다. 만약 용기뿐만 아니라 돈도 지닌 사람이라면, 편 리한 사전을 한 권 살 것이다. 웹스터 대학생 사전 같은 것. 너무 커서 사용하고 싶은 의욕을 죽이는 거대한 사전은 피하라. 그리고 벽에 커다란 세계 지도를 걸어 새로 익힌 단어들과 오랜 지명들이 자신에게 의미를 지니게 한다. 웰스의 따분한 글을 다 읽고 나면, 윌리엄 섬너(1840~1910)의 『민속론』이 유혹적인 디저트가 될 것이다. 대학교수가 사회학을 이토록 매혹적인 모습으로 그려 낼 수 있을 것이라고는 그 누구도 상상하지 못했다.

종교가 어떻게 시작되었는지, 미신에서 출발해서 어떻게 철학으로 자라났는지 알고 싶은가? 제임스 프레이저(1854~1941)의 『황금 가지』를 읽으면 된다. 이것은 위대한 학자가 평생의 연구를 한 권으로 정리해 놓은 책이다. 영국 정부는 이 연구를 기리는 뜻에서 그에게 기사 작위를 수여했다. 원한다면 건너뛰어도 된다. 각각의 문단에서 저자가 증명하고 싶은 주장을 제시해 둔 '결정적인 문장'(대개 앞부분 근처의 것)을 포착해 내는 기술을 익혀야 한다. 만약 자신의 목적이나 관심사에 해당하지 않는 글이라면 다음 주제로, 또 다음 주제로 넘어가 저자가 자신에게 직접 말을 거는 듯한 느낌이 드는 부분을 찾는다. 기사 작위를 가져다준 이 책을 다 읽고 나면, 학식을 쌓는 과정 중 가장 힘든 부분이 끝난 것이다. 이제 남은 것은 신들과의 모험이다.

여기부터 우리 목록이 역사적인 순서대로 정리된 이유가 무엇이냐고? 첫째, 사람들이 역사를 경험하고 만들어 온 순서대로 공부하면서 문명의 모든 활동들, 즉 경제, 사회, 정치, 과학, 철학, 종교, 문학, 예술 활동들을 한꺼번에 받아들이는 편이 좋기 때문이다. 이런 방식을 통해 우리는 문학, 철학, 예술 작품들을 모두 그 배경에 비추어 살피며, 그 기원과 의미를 더 잘 이해할 수 있을 것이다. 넓은 시야가 모든 것이다. 둘째, 역사적인 순서를 따르다 보면 가장 재미있고 흥미로운 걸작들과 묵직하고 교육적인 책들을 번갈아 볼 수 있다. 이것이 책의 내용을 소화하는 데 도움이 될 것이다. 따라서 웰스를 조금 더 읽고 유럽에 관한 뛰어난 역사서인 『인간의 모험』에서 이집트를 다룬 제임스 헨리 브레스티드(1865~1935)의 완벽한 글을 읽은 뒤, 브라이언 브라운이 공자, 노자, 맹자의 지혜를 모아 놓은 책에서 즐거이 기분 전환을 할 것이다. 타의 추종을 불허하는 성경의 간결함과 아름다움은 예술에 대한 엘리 포르*의 열정적인 문장과 헨리 윌리엄스의 실한 책『과학사』(이 훌륭하지만 희귀한 책을 구할 수 없다면, 댐피어-웨섬의 『과학사(*History of Science*)』나 벤저민 긴즈버그의 『과학의 모험(*The Adventure of Science*)』을 이용하라.)를 보상해 줄 것이다. 이렇게 거친 바다를 통해 우리는 마침내 그리스 섬들에 이른다.

이곳에는 천재가 거의 우글우글하다. 우리의 짧은 목록에 이렇게 많은 시인들을 어떻게 욱여넣을 수 있을까? 안내인을 구하자. 브레스티드와 웰스는 커다란 기념물들을 보여 줄 것이고, 베리(1861~1927) 교수는 복잡한 그리스 정치를 우리에게 풀어 줄 것이며, 길버트 머레이(1866~1957)는 지금까지 쓰인 문학 작품 중 가장 위대한 것들을 우리에게 소개해 줄 것이다.

그다음에는 천재들을 직접 살펴볼 순서다. 헤로도토스의 이야기는 즐겁지만 항상 사실은 아니다. 투키디데스는 사고가 현실적이고 문장은 고전적이다.(투키디데스가 페리클레스를 위해 지은 유명한 '추도 연설'은 11권 6장이다.) 플루타르크의 전기들은 베리의 책에 이름으로만 나오는 사람들을 우리의 기

---

* 1873~1937, 프랑스의 미술 평론가.

억이라는 무대 위에 생생히 살려 낼 것이다. 호메로스는 신들과 영웅들, 헬레네와 페넬로페에 대해 쾌활한 노래를 지었다. 위대한 아이스킬로스는 사슬에 묶여서도 스스로 잘못했다고 생각하지 않는 프로메테우스를 인류를 발전시킨 죄로 처벌받는 천재의 상징으로 그려 냈다. 소포클레스는 고통에서 얻은 부드러운 지혜를 지녔다. '인간적인 에우리피데스'는 적들의 불행을 슬퍼하며 마침내 신들조차 용서한다.

유럽 철학사 중 최초이자 가장 위대한 시기도 여기에 있다. 디오게네스 라에르티오스*는 순교자 소크라테스, 개혁가 플라톤, 웃는 철학자 데모크리토스, 백과사전 아리스토텔레스, 금욕적인 제논, 쾌락주의자가 아니었던 에피쿠로스의 이야기를 들려준다. 플라톤은 자신이 생각하는 완벽한 국가를 그려 내고, 흠 잡을 데 없이 합리적인 아리스토텔레스는 중용을 설교하며 그리스에서 가장 부유한 아가씨와 결혼한다. 윌리엄스는 과학이 어떻게 미신을 대신하게 되었는지, 이미 수세기 동안 의사들이 활동한 뒤 히포크라테스가 어떻게 '의학의 아버지'가 되었는지, 아르키메데스가 전쟁과 예술의 영원한 대립을 상징하는 병사의 칼에 찔려 죽으면서 어떻게 자신의 정리를 풀었는지 들려준다. 마지막으로 엘리 포르는 천재

* 3세기 그리스 철학사가.

적인 인내심을 지닌 페이디아스가 파르테논 신전을 위한 조각상을 만드는 모습, 프락시텔레스가 아프로디테의 완벽한 우아함을 빚어내는 모습을 우리가 옆에서 지켜볼 수 있게 해 준다. 우리가 이런 시대를 언제 또 볼 수 있을까?

이 그리스인들을 이해하는 것만으로도 충분한 교육이 될 것이다. 실제로 미국의 한 위대한 교육가는 대학 교육 중 2년을 그리스 문명의 다양한 풍요로움을 공부하는 데 할애하는 실험을 하고 있다. 이 실험에 참가한 100명의 학생들은 행운아다. 로마인들은 우리에게 많은 것을 남겨 주지 않았다. 비록 그들이 사회 질서와 정치적 지속성이라는 기초를 놓아 현대 유럽 국가들에게 도움이 된 것은 훌륭한 일이지만, 그들은 그만 법과 전쟁, 도로와 하수도 건설, 사방을 에워싼 야만인 퇴치에 너무 몰두한 나머지 조용히 생각에 잠겨 문학, 철학, 예술을 꽃피울 짬을 내지 못했다.

하지만 이런 로마에도 신들은 있다. 역사상 가장 위대한 정치가들은 아마도 플루타르크의 예술적인 솜씨 덕분에 친근한 존재가 된 것 같다. 음울한 루크레티우스는 벗어날 수 없는 '사물의 본질'을 남성적인 시로 상세히 설명했다. 베르길리우스의 섬세한 표현은 그의 나라의 전설적인 과거를 황금천으로 자아낸다. 그리고 로마인 중 마지막으로 마르쿠스 아우렐리우스는 누구도 따라잡을 수 없는 옥좌 위에서 욕망과 권력의 허황됨에 관해 명상한다.

이런 거인들이 당당하게 이 땅을 거닐다가 부패와 노예 제도로 인해 서서히 썩어 가서 결국 밖으로는 야만인 군대, 안으로는 동방 숭배로 인해 멸망하고 만 것은 엄청난 이야기이자 비극이다. 모든 역사가들 중 가장 위대한 존재인 에드워드 기번(1737~1794)은 여기서 『로마 제국 쇠망사』를 장중하게 읊기 시작하면서, 장엄한 오르간 연주 같은 문장으로 쓸쓸함에 대한 '장송 행진곡'을 연주한다. 이 화려한 문장들을 느긋하게 읽어 보자. 역사를 쓰는 이 철학자를 위해 느긋하고 차분한 시간을 할애하지 못할 만큼 인생이 중요하지는 않다. 그의 말에 담긴 지혜와 그의 마침표에 담긴 음악을 제대로 음미하려면 그런 차분함이 반드시 필요하다.

기번은 워낙 너그러운 사람이라서 죽어 가는 로마의 이야기뿐만 아니라 그보다 북쪽 유럽의 유아기에 관한 이야기도 들려준다. 우리가 중세라고 알고 있는 시대다. 여기서 교황은 서구 정치가들의 가장 원대한 꿈인 유럽 통일을 실현하는 수준까지 올라간다. 콘스탄티누스가 기독교로 개종하고, 샤를마뉴가 대관식을 치른다. 무함마드와 그의 장군들이 신학에 분노하고 약탈에 굶주린 병사들을 이끌고 아프리카와 스페인을 휩쓸고, 바그다드와 코르도바의 문명을 건설하고, 그들보다 훨씬 더 야만적인 투르크인들이 캅카스산맥을 통해 혼란스러운 서쪽으로 쏟아져 들어오자 다시 사막으로 물러가 침잠한 유혈의 기록도 있다. 유대인과 페르시아인이 이슬람 치하에서 번성한 이야기는 마이모니데스와 오마르가 증언한다. 윌리엄스의 책에서는 이슬람 문명이 수학과 의학, 천문학과 철학 분야에서 이룩한 고귀한 업적을 보게 될 것이다. 포르는 그라나다의 알함브라 궁전과 인도의 타지마할을 통해 그들의 독특하고 섬세한 건축술을 보여 줄 것이다.

하지만 그 시절에도 소수의 기독교인들이 존재했다. 로빈슨이 『인간의 모험』에서 그들의 문명을 워낙 훌륭하게 묘사했기 때문에 그의 책을 감히 목록에서 뺄 수 없다. 단테와 초서는 그 시대를 요약해 주고, 캔터베리 순례자들은 경건한 여행을 하면서도 라블레만큼이나 세속적인 이야기들을 유쾌하게 떠들어 댄다. 단테는 비록 교회와 전쟁을 벌였지만 신학을 아주 찬란하고 위엄 있는 자리까지 끌어올렸다. 그래서 우리는 지옥을 창조해 낸 그의 야만성을 순간적으로 잊어버린다. 아벨라르는 신학에 회의를 품었지만, 자신의 뜻을 지키기 위해 어느 날 갑자기 남성성을 잃었다. 그가 엘로이즈와 회의를 힘없이 내팽개친 것보다 더 처량하고 인간적인 일은 없을 것이다.

멋없는 우리 시대에도 영어 문장이 얼마나 완벽해질 수 있는지 알고 싶다면, 불멸의 사랑을 이야기한 조지 무어의 조용한 작품을 읽으면 된다. 헨리 애덤스(1838~1918)도 『몽생미셸과 샤르트르』에서 그런 이야기를 하며, 자신이 개인적으로 프랑스의 훌륭한 성당들을 돌아보던 중에 겪은 일들과 더불어 성 토마스 아퀴나스의 백과사전적인 정통성을 자세히 설명한다. 여기서는 고딕 양식이 영어로 말을 하면서 심지어 미국인들에게조차 제모습을 드러낸다. 또한 여기서 제대로 평가받지 못한 찬란한 작품, 이폴리트 텐의 『영문학사』와도 마주칠 수 있다. 기번 이후 최고의 학문적인 준비를 거쳐 가장 눈부시게 서술된 책이다. 영국인들에게 그들의 문학을 설명해 주는 데에는 프랑스인이 필요했다.

마지막으로 우리는 중세의 남성적이고 우울한 음악을 들을 수 있다. 그레고리안 성가가 흐르는 듯 장엄한 소리로 우리를 에워싸고 생각이 더 깊어지게 만든다. 여기서 세실 그레이는 결코 완벽한 안내인이 아니라 일종의 요약문 같은 존재일 뿐이다. 음악을 최고의 철학으로 여기고 사랑하는 사람들은 이 시점에서 우리의 목록을 벗어나 옥스퍼드 『음악사』의 4권, 5권, 6권을 읽을 것이다. 니체의 말처럼, 음악이 없는 인생은 실수가 될 것이다.

이제 중세가 스르르 사라지고, 중세 예술과 사상이 갑자기 만개한다. 이탈리아 르네상스다. 웰스 씨는 르네상스의 개요를 겨우 몇 페이지에 걸쳐 설명할 뿐이라서, 우리는 존 애딩턴 시먼즈(1840~1893)가 쓴, 광범위하고 놀라운 일곱 권의 책으로 주의를 돌린다. 시먼즈는 기독교 시대 중 가장 위대한 이 시기 덕분에 병약한 몸으로도 숨을 쉴 수 있었고, 심지어 도덕적인 사고방식도 확립할 수 있었다.(만약 남은 날들이 너무 짧아서 이렇게 긴 책을 읽을 수 없다면, 부르크하르트의 한 권짜리 책『이탈리아의 르네상스(The Renaissance in Italy)』를 읽어 보라. 느긋하게 서두르는 법을 아는 사람이라면 부르크하르트와 시먼즈의 책을 모두 읽으면 된다.)

르네상스 시대에도 천재들이 떼 지어 나타났다. 피렌체에서 메디치가의 궁전에 들어가면 피코 델라미란돌라가 새로이 조명받는 플라톤의 흉상 앞에서 촛불을 태우고 있고, 미켈란젤로라고 불리는 청년이 이가 없는 목신(牧神)의 형상을 조각하고 있다. 로마에서는 율리우스 2세, 레오 10세와 함께 바티칸의 대리석 바닥을 걸으며, 그들이 교회의 부와 시를 이용해서 모든 예술을 자극하고 양성하는 모습을 지켜볼 수 있다. 조르조 바사리*는 우리에게 보티첼리, 브루넬레스키, 레오나르도, 라파엘로, 안젤로의 작업실을 열어 보여 주고, 포르는 그림, 조각, 장식이 전례 없이 만개했던 이 시기를 열광적으로 이야기한다. 마키아벨리는 체사레 보르자를 앉혀 놓고 이상

---

* 1511~1574, 르네상스 시대 화가, 건축가, 미술사가.

적인 군주의 초상화를 그리게 하며, 첼리니는 가끔 살인을 멈추고 페르세우스상이나 완벽한 화병을 만든다. 브루노와 바니니는 이성으로 세계를 이해하려는 인류의 노력을 새로이 부활시킨다. 코페르니쿠스, 베살리우스, 길버트는 현대 과학의 초석을 놓고, 팔레스트리나*는 노래의 날개에 우리를 실어 높이 날게 한다. 최고의 인물들이 활약한 최고의 시대가 우리 눈앞에 펼쳐진다.

하지만 춥고 엄격한 북부 출신인 마르틴 루터(1483~1546)는 햇빛 밝은 이탈리아의 방탕한 예술이 마음에 들지 않아서, 교회가 초기의 금욕주의와 소박함으로 회귀해야 한다고 온 세상을 향해 외친다. 독일의 군주들은 이 종교 반란을 도구 삼아 점점 커져 가는 자신들의 땅을 교황의 힘과 분리시켜 많은 독립국을 세운 뒤, 종교 개혁부터 프랑스 혁명에 이르기까지 유럽 역사를 관통한 왕조 민족주의를 출발시킨다. 민족의식이 종교적 양심을 대체하고, 애국심이 경건한 신앙심을 대체하며, 유럽의 모든 민족들은 한 세기 동안 나름의 르네상스를 누린다. 정치적인 로맨스의 시대가 펼쳐진다. 카트린 드메디시스와 헨리 8세, 카를 5세와 아르마다의 펠리페, 엘리자베스와 에식스, 스코틀랜드 여왕 메리와 복잡하게 뒤

---

* 1525?~1594, 교회 음악 작곡가.

엉킨 그녀의 연인들, 폭군 이반이 주인공들이다.

문학에서는 거인들이 나타난 시기다. 프랑스에서는 프랑수아 라블레(1483?~1553)가 모든 계명과 형용사로 난동을 일으키고, 몽테뉴(1533~1592)는 역사상 가장 위대한 에세이들을 통해 공적인 이야기와 내밀한 일들을 논한다. 스페인에서는 미겔 데 세르반테스(1547~1616)가 세상 모든 소설 중 가장 유명한 작품을 쓰는 데는 한 팔만으로도 충분하다는 사실을 깨닫고, 로페 데 베가는 1800편의 희곡을 짓는다. 런던에서는 푸줏간 집 아들*이 가장 위대한 현대 드라마를 만들어 내고, 슈펭글러의 말처럼 영국 전체가 "새로이 형성"된다. 현대적인 영혼에게 봄과 같은 계절이다.

학자들은 스페인, 영국, 프랑스가 이처럼 눈부신 성년을 맞은 뒤, 유럽이 뒷걸음질쳐서 르네상스 시대의 높은 자리에서 떨어졌다고 말하곤 한다. 어떤 의미에서는 맞는 말이다. 17세기는 종교 갈등의 시대이자 독일을 망가뜨린 30년 전쟁의 시대였다. 무성하게 꽃을 피운 영국의 시와 예술에 한 세기 동안 종지부를 찍었던 청교도 혁명의 시대이기도 하다. 그렇다 해도 이 세기의 목록을 한번 살펴보기 바란다. 17세기는 삼총사의 시대이고, 리슐리외와 마자랭이 봉건 영주들에 맞서

---

* 셰익스피어의 아버지가 푸줏간을 경영했다는 설이 있다.

서 프랑스의 중앙 정부를 강화하고 루이 14세에게 강력한 통일 국가를 물려준 시대다. 이렇게 안정과 질서가 확보된 국가 덕분에 볼테르 시대에 프랑스 문화는 훌륭한 꽃을 피울 수 있었다. 라로슈푸코(1613~1680)는 연극과 궁정의 냉소주의에 완성된 형태를 부여했으며, 몰리에르(1622~1673)는 동포들의 위선과 자만에 조소로 맞서 싸웠다. 블레즈 파스칼(1623~1662)은 열정적인 수사법으로 수학과 신앙심을 혼합했다. 베이컨과 존 밀턴은 영국 산문을 최고의 경지로 끌어올렸고, 밀턴은 참고 봐줄 만한 시도 추가로 썼다.

철학에서는 강력한 체제가 등장한 시기이기도 하다. 영국의 베이컨, 홉스, 로크. 유럽 대륙의 데카르트, 스피노자, 라이프니츠. 과학 분야를 살펴보면, 천문학에서는 갈릴레오의 시대, 생리학에서는 윌리엄 하비 경의 시대, 화학에서는 로버트 보일의 시대, 만물의 과학에서는 아이작 뉴턴의 시대였다. 미술에서는 별들이 비처럼 쏟아진 시대였다. 네덜란드의 렘브란트와 프란츠 할스, 플랑드르의 루벤스와 반다이크, 프랑스의 푸생과 클로드 로랭, 스페인의 엘 그레코와 벨라스케스. 음악 분야에서는 바흐가 이때 태어났다.

요한 제바스티안 바흐(1685~1750)는 올림포스산에서 주피터에게 가장 가까이 있었던 존재 중 하나다. 미사곡 B단조의 웅장함과 마태 수난곡을 듣고 몸과 영혼의 떨림을 경험하기 전에는 죽어도 결코 편히 쉴 수 없다. 걸작들을 작곡하는 틈틈이 자식도 스무 명이나 낳으며 아른슈타트를 비롯해 여러 곳을 돌아다닌 오르간 연주자 바흐는 음악을 정점에 올려 놓은 두 사람 중 하나다. 음악은 미친 베토벤이 등장한 뒤에야 비로소 다시 그런 높이까지 올라가게 된다. 18세기에는 고상한 선율이 가득하다. 헨델(1685~1759)은 오라토리오를 쏟아 내고, 하이든(1732~1809)은 소나타와 교향곡을 발전시키고, 글루크(1714~1787)는 이피게니아의 희생을 기리는 고상한 반주를 만들어 내고, 모차르트(1756~1791)는 자신의 슬픔과 행복을 재료로 후대의 모든 음악이 혼란스러운 불협화음으로 들릴 만큼 달콤한 소리를 자아냈다. '절대 음악', 즉 이야기나 그림이나 아이디어에 기대는 음악이 아니라 그 자체의 '의미 없는' 아름다움에만 기대는 음악을 알고 싶다면 잠시 라디오를 끄고 모차르트의 4중주 D장조 중 안단테를 연주해 보라.

18세기는 클라이브 벨이 문명에 대한 그 귀한 책에서 페리클레스의 시대, 르네상스와 더불어 문화사 중 최고의 시대로 꼽은 시기다. 야만적인 전쟁, 과학의 발전, 철학의 해방이 이루어지고, 귀족들의 착취가 자행되고, 우리 시대의 판탈롱이나 꼭 끼는 셔츠는 장례식과 교도소에나 어울리는 옷으로 보일 만큼 멋진 드레스들과 훌륭한 예의범절이 등장한 시대다. 나폴레옹이 "비단 스타킹을 신은 진흙"이라고 불렀던 탈레랑은 "1789년 이전에 살아 보지 못한 사람들은 삶의 완전한 행복을 결코 모른다."라고 말했다.

생트뵈브(1804~1869)의『초상』에서 이 호사스러운 사람들의 이야기를 읽고, 화가 앙투안 와토, 장 프라고나르, 레이놀즈, 토머스 게인즈버러, 조지 롬니의 그림에서 그들의 얼굴을 본 뒤, 텐, 칼라일과 함께 맨 앞줄 좌석에 앉아 그들의 몰락을 불꽃처럼 그린 연극을 보라. 기번과 볼테르 같은 역사가, 흄과 칸트 같은 철학자, 프랑스『백과전서』같은 대역사, 보즈웰 같은 전기 작가, 존슨, 골드스미스, 기번, 버크, 배우인 데이비드 개릭, 레이놀즈 같은 무리, 영국에서 후배들이 아직도 뛰어넘지 못한 헨리 필딩과 스턴 같은 소설가, 애덤 스미스 같은 경제학자, 조너선 스위프트 같은 냉소주의자, 메리 울스턴크래프트 같은 여성을 배출한 시대라니!

그리고 프랑스 혁명이 시작되자 귀족들은 기요틴에서 목이 잘리고, 예술과 예의범절은 시들고, 진실이 아름다움의 자리를 차지하고, 과학이 세상을 머리의 욕망에 더 가까운 곳으로 바꿔 놓는다. 우리의 삶, 정부, 도덕, 종교, 철학을 순식간에 근본적으로 바꿔 놓은 산업 혁명에 대한 로빈슨의 이야기를 들어 보라. 산업 혁명은 역사의 거대한 축 가운데 하나다. 18세기가 이론 역학과 물리학의 시대였고 그다음에 이 이론들이 현실 속에서 승리를 거둔 시대가 왔듯이, 19세기 역시 이론 생물학의 시대였고 20세기는 그 이론이 실질적으로 성공을 거둔 시대였다. 발전과 인간의 본질에 대한 새로운 개념들이 과학계를 지배했으며, 신념의 전쟁이 촉발되어 서구 사람들에게 불안과 슬픔을 안겨 주었다. 로댕(1840~1917)의 미완성 작품에도 불구하고 조각 분야에서는 보잘것없는 세기였으며, 그림에서는 터너(1775~1851)의 석양 그림에서부터 휘슬러(1834~1903)의 비 그림에 이르기까지 의심스러운 실험들이 가득했다. 하지만 묘하게도 음악은 역사상 모든 시대를 능가했다.(기계의 시대에 이런 일이 벌어질 것이라고 누가 짐작할 수 있었을까?)

먼저 루트비히 판 베토벤(1770~1827)이 있다. 베토벤은 세기말을 지나며 모차르트의 음악처럼 단순했던 초기 작품에서부터 힘찬 「에로이카」와 완벽한 5번 교향곡, 섬세한 황제 콘체르토와 크로이처 소나타를 거쳐, 광기 어린 화려함을 지닌 후기 소나타와 합창 교향곡에 이른다. 슈베르트(1797~1828)도 있다. 선율의 무한한 창고인 슈베르트는 다락방에 미처 노래로 불리지 못한 걸작들을 세 자릿수로 남겨 두었다. 아련하고 우울한 슈만(1810~1856)도 있다. 슈만은 실화와 허구를 막론하고 가장 훌륭한 사랑 이야기의 중심에 있다. 요하네스 브람스(1833~1897)는 푸주한 같은 외모로 천사 같은 곡들을 짓는다. 그가 자아내는 화음은 슈만의 것보다 심오하지만, 자신의 기억에 충실하다. 미친 음악가의 미망인(당대의 가장 위대한 여성 피아니스트)을 헌신적으로 사랑하며, 40년 동안 그녀를 보호해 주면서도 감히 청혼조차 하지 못한 기억이다. 죽어 가면서 운명을 향해 주먹을 흔들어 대는 베토벤에서부터 술에 취한 슈베르트와 제정신이 아닌 슈만, 결핵 바이러스에 쫓기고 조르주 상드에게 버림받은 쇼팽(1810~1849)을 거쳐 천재이자 사기꾼인 리하르트 바그너(1813~1883)까지, 이 무슨 고통의 왕조란 말인가. 바그너는 반세기 동안 냉대를 견디다가 바이로이트에서 독일 제후들로 하여금 피리 부는 사나이에게 돈을 지불하게 만들었다! 멘델스존(1809~1847)은 이보다 행복했다. 많은 고통을 겪기에는 성격이 워낙 상냥하고 소박했던 덕분이다. 리스트(1811~1886)는 자신의 명성을 마지막 한 방울까지 마셔 버렸기 때문에 평생 이름에 취해 살았다. 로시니(1792~1868)는 「세비야의 이발사」를 작곡하는 일보다 스파게티 만들기를 더 좋아했고, 온화한 베르디(1813~1901)는 멜로디를 화수분 삼아 살면서 손풍금을 유럽의 모든 오페라 극장에 들여놓았다. 하지만 러시아로 넘어가면, 다시 우울한 멜로디가 서투르게 현을 뜯는다. 상심한 무소륵스키(1839~1881)는 죽음을 노래하고, 불쌍한 차이콥스키(1840~1893)는 오페라의 비너스 때문에 가슴 아파하다가 독배로 삶을 마감한다.(이 말이 사실이라고 확신해도 될 것이다.

존경할 만한 역사학자들이 모두 이 말을 부정하기 때문이다).

확실히 아름다움은 고통 속에서 태어나고, 지혜는 슬픔의 소산인 것 같다. 우리의 부모 격인 세기에 철학자들은 거의 작곡가들만큼이나 불행했다. 먼저 쇼펜하우어(1788~1860)는 불행의 백과사전을 썼으며, 이 시대를 마감한 니체(1844~1900)는 삶이 비극이라는 이유로 삶을 사랑했으나 자신이 어쩌면 다시 살아야 할지도 모른다는 생각에 미쳐 버렸다. 병자 헨리 버클(1821~1862) 또한 가엾기 그지없다. 평생 건강했던 순간이 단 한 번도 없는 그는 마흔한 살에 『잉글랜드 문명사』를 채 완성하지도 못하고 세상을 떠났다! 19세기 천재들의 명단에서 유일하게 건강한 사람은 괴테 영감뿐이다. 그는 철이 들었다는 점에서 셸리와 달랐다. 에커만(1792~1854)의 『괴테와의 대화』를 읽으면서 일주일 동안 성숙한 정신과의 교류를 즐겨 보라. 『파우스트』의 1부를 읽되, 그 어떤 문학사가가 유혹하더라도 절대 2부로 넘어가지 말아야 한다. 위대한 브라네스의 꼬임에도 넘어가면 안 된다. 『파우스트』 2부는 에드워드 리어*만큼이나 망령된 헛소리 범벅이기 때문이다. 이 시대에 정신적으로 괴테와 비견될 만한 인물은 상상력, 에너지, 의지력을 강

* 1812~1888, 영국의 시인이자 화가, 아동문학가로 직접 삽화를 그린 시집 『헛소리 책(*A Book of Nonsense*)』을 출판했다.

력하게 발휘한 나폴레옹뿐이었다. 에밀 루트비히(1881~1948)가 들려주는 그의 이야기를 들은 뒤, 텐이 이 코르시카인의 천재성을 반짝반짝 분석해 놓은 90쪽짜리 책『근대 체제』를 읽어 보라.

텐의 책에서 바이런을 다룬 장을 한마디도 빠짐없이 흡수한 뒤,『차일드 해럴드의 편력』과『카인』, 그리고『돈 후안』중 두세 편을 읽어 보라. 키츠의 송시들도 놓치면 안 된다. 영어로 된 최고의 시이기 때문이다. 베를렌과 드 뮈세는 우리 목록에서 빠져 있다. 동경이 담긴 선율 같은 그들의 시를 제대로 번역할 길이 없기 때문이다. 반면 하이네(1797~1856)는 그 재치와 음악적인 선율을 다른 언어로 옮기려는 시도가 모두 실패했는데도 우리 목록에 포함되었다. 테니슨(1809~1892)은『인 메모리엄』과『국왕 목가』로 목록에 포함되었지만, 용기가 꺾이지 않았다면 그의 자리는 토머스 맬러리 경(?~1471)이 차지했을 것이다. 그의 작품인『아서왕의 죽음』은 영국 산문의 당당한 기념비다. 발자크(1799~1850)에 대해서는 이 책의 세기가 끝난 뒤 아주 많이 읽어야 한다. 그가 거의 인생 그 자체와 맞먹을 만큼 계몽적이기 때문이다.『레 미제라블』은 건너뛰며 읽되, 플로베르(1821~1880)의 두 걸작『보바리 부인』과『살람보』는 한마디도 빼놓지 말고 읽어야 한다. 우리 목록이 플로베르의 작품 대부분을 한 권으로 묶어서 내놓은 출판사의 묵인하에 이 두 작품을 하나로 묶은 것이 정직하지 못한 일이기는 하지만 말이다. 이다음에는 아나톨 프랑스가 내놓은 진미들을 조금씩 맛보면 된다. 그는 프랑스 문화와 예술에서 정수만 뽑아 보여 주는 사람이다. 우리가 언급한 작품은 『펭귄섬』밖에 없지만, 말의 아름다움과 섬세함을 즐기는 미식가라면 아나톨의 책 스무 권을 읽게 될 것이다. 『피크위크 페이퍼스』와 『허영의 시장』(또는 『데이비드 코퍼필드』와 『헨리 에즈먼드』)을 느긋하게 손에 쥐고서 빅토리아 시대에 대한 우리의 이기적인 평가절하는 잊어버리자. 문학에서 우리 시대가 빅토리아 시대와 동등해진 뒤에야 비로소 우리는 그들에게 돌을 던질 수 있을 것이다.

영국에서 스칸디나비아로 넘어가서 (입센의 다른 희곡들은 무시하고) 『파우스트』 이후 최고의 시인 『페르 귄트』를 읽자. 그리고 러시아로 건너가 완벽한 투르게네프(1818~1883)를 맛보고, 톨스토이(1828~1910)의 『전쟁과 평화』라는 산맥을 느긋하게 돌아다니자.(겨우 1700쪽밖에 안 된다.) 그리고 마침내 도스토옙스키(1821~1881) 앞에 무릎을 꿇는다. 그 누구보다 위대한 소설가. 그의 책 하나하나가 귀중하다. 가르침과 인간에 대한 비밀로 뿌리가 흔들릴 만큼 고민하고 싶다면 『카라마조프가의 형제들』뿐만 아니라 『죄와 벌』, 『백치』, 『악령』도 읽어야한다. 이것들을 읽고 나면 고향인 미국으로 돌아와도 좋다.

이 목록이 우리나라의 영웅들을 홀대한다고? 하지만 우리의 젊은 시절을 돌이켜 보라. 우리가 개척 정신에서 상업주의로 넘어간 것은 최근의 일이며, 이제야 비로소 상업주의에서 예술로 빠져나오기 시작했다. 지금까지 우리의 거인이라고는 휘트먼뿐이다. 소로는 모든 충만한 인생의 한 단계로서, 지나치게 빠른 문명화에 반대하는 모든 청춘들의 핏속에서 타오르는 '자연 회귀' 열기의 대변자다. 에머슨은 오늘날 조금 미약하고, 거의 소로만큼이나 알맹이가 없다. 그러나 문제를 공부하는 사람들은 반드시 그의 곁에 일주일은 머물러야 한다. 에드거 앨런 포(1809~1849)도 조금 과대평가되어 있다. 음악적이고 무서운 문장을 구사하는 그는 미스터리를 사랑하는 부르주아들과 고통을 상상하며 즐거워하는 풋내기들에게 매력적인 무서운 이야기를 자아낸다. 우리는 포의 작품을 통해 대리 고통을 느끼며 좋아한다. 우리는 포를 위대한 예술가라고 부르지만, 그 말은 그의 일생이 흥미롭고 그가 겪은 고통이 우리에게 매력적이라는 뜻일 뿐이다. 강자보다는 약자를 사랑하기가 언제나 더 쉽다. 강자에게는 우리의 사랑이 필요하지 않으므로, 우리는 짜증 나게 완벽한 그들에게서 본능적으로 결점을 찾으려 한다. 모든 위인들의 동상은 우리의 약을 올릴 뿐이다.

이제 우리가 살고 있는 세기에 이르렀다. 전기(電氣)와 신들의 황혼의 시대, 거대한 광기와 미친 평화의 시대, 역사상 그 어느 시대보다 더 빠르고 근본적으로 지적인 변화와 도덕적인 변화가 일어나는 시대. 우리 시대의 비밀을 밝히는 헨리 애덤스의 말을 들어 보자. 하지만 여기에는 그 비밀이 들어갈 자리가 없다. 어쩌면 베르그송(1859~1941)이 애덤스의 주장에 대한 해답을 지니고 있을지도 모른다. 우리가 지닌 비관주의의 기반인 기계론*이 반드시 생물학의 최종 결론은 아니다. 결국 인간은 기계가 아닐 수도 있기 때문이다.

우리 시대 가장 위대한 학자인 해블록 엘리스(1859~1939)는 우리에게 기계 이상의 존재로 보인다. 우리 시대의 뛰어난 소설인 『장 크리스토프』를 읽어 보면 과학자의 감성과는 대비되는 예술가의 감성을 포착할 수 있다. 무기력감이 아니라 창조를 느낄 수 있다는 뜻이다. 슈펭글러는 우리와 달라서 우리 문명이 죽어 가고 있다고 볼 것이다. 정말로 문명이 죽어 가고 있다면 그것은 순전히 권력을 향한 열정과 전쟁 중독 때문이다. 그러나 슈펭글러는 자신이 행동을 위해 태어났다고 생각하는 지식인답게 부럽기 짝이 없다는 듯이 전쟁에 찬사를 보낸다. 로빈슨과 웰스(시간이 있다면 페이 교수까지)가 우리 앞에 까발리는 1차 세계대전의 기원을 살펴보자. 그러

---

* mechanistic philosophy, 생물을 복잡한 기계로 간주하는 이론.

면 슈펭글러가 부러워한 영광의 기원이 얼마나 저열하고 그 결과가 얼마나 더러운지 알 수 있을 것이다. 따라서 우리 아이들 또한 전쟁이 어떻게 만들어지는지, 인류가 야만에서 문명까지 3000년 동안 서서히 올라온 길을 어떻게 3년 만에 거의 모두 되돌렸는지 알 수 있도록 아이들에게도 그들의 책을 읽히자.

이것들은 슬픈 책이지만, 우리는 목록의 끝에 이를 즈음이면 마취제 없이도 진실을 대면할 수 있을 만큼 강해질 것이다. 플라톤과 레오나르도를 만들어 낸 종족이 언젠가 많은 지혜를 얻어서 인구를 조절하고, 바다에서 모든 사람이 먹고 쓸 수 있는 식량과 연료를 얻고, 모든 상인들과 자본에 모든 시장을 개방하고, 모종의 국제기구를 통해 전쟁을 졸업하게 될 것이라고 우리는 아직 믿을 수 있다. 인류의 역사에는 그보다 더 이상한 일들이 일어난 적도 있으니까 말이다. 이런 놀라운 일이 마흔 번쯤 일어난다 해도, 진흙 또는 짐승이 인간으로 발전해서 공자와 그리스도로 이어진 믿을 수 없는 일과는 견줄 수 없을 것이다. 우리는 이제 막 시작했을 뿐이다.

지금까지 책들의 오디세이를 살펴보았다. 여기에 100세대의 뛰어난 저작들이 선별되어 들어 있는 또 다른 세상이 있다. 자연과 인간의 활동으로 이루어진 실제 세상의 아름다움과 활기에는 그다지 미치지 못하지만, 그래도 뜻밖의 지혜와 미지의 아름다움이 가득하다. 삶이 문학보다 낫고, 우정이 철학보다 달콤하고, 아이들은 그 어떤 교향곡보다 더 심오한 음악으로 우리 마음을 향해 손을 뻗는다. 그렇다 해도 이런 살아 있는 기쁨들이 우리가 언급한 책들의 수수하고 부차적인 즐거움을 손상시키지는 않는다.

삶이 고달프거나 우정이 멀어지거나 혹시 우리 아이들이 자기만의 세계와 집을 꾸리기 위해 우리를 두고 떠나 버릴 때, 우리는 셰익스피어와 괴테를 들고 탁자에 앉을 것이다. 라블레와 함께 세상을 비웃고, 존 키츠와 함께 가을의 아름다움을 볼 것이다. 이들이야말로 우리에게 언제나 최선을 다하는 친구들, 결코 대답해 주지 않지만 언제나 우리의 부름을 기다리는 친구들이기 때문이다. 이들과 함께 한동안 걸으면서 그들의 말에 겸허히 귀 기울이고 나면 우리의 병이 치유되고, 우리는 이해에서 나오는 평화를 알게 될 것이다.

자유로 이어진 길

교육을 위한 최고의 책 100권

그룹 1 ─ 개요

1   존 아서 톰슨, 『과학 개요(*The Outline of Science*)』, 전 4권.

2   로건 클렌드닝, 『인체(*The Human Body*)』.

3†   J. H. 켈로그, 『새로운 식이 요법(*The New Dietetics*)』, pp. 1~531, 975~1011.

4   윌리엄 제임스, 『심리학의 원리(*Principles of Psychology*)』, 전 2권.

5†   허버트 조지 웰스, 『역사 개요(*The Outline of History*)』, 1~14장.

6   윌리엄 그레이엄 섬너, 『민속론(*Folkways*)』.

7   제임스 프레이저 경, 『황금 가지(*The Golden Bough*)』.

그룹 2 ─ 아시아와 아프리카

8†   제임스 헨리 브레스티드와 제임스 하비 로빈슨, 『인간의 모험(*The Human Adventure*)』, 전 2권. 1권 2~7장.

5   웰스, 『역사 개요』, 15~21장, 26장.

9   브라이언 브라운, 『중국의 지혜(*The Wisdom of China*)』.

10†   성경: 창세기, 출애굽기, 룻기, 에스더, 욥기, 시편, 잠언, 전도서, 아가서, 이사야서, 아모스서, 미가서, 복음서, 사도행전, 사도 바울의 편지들.

11*   엘리 포르, 『예술사(*History of Art*)』, 전 4권. 1권 1~3장, 2권 1~3장.

12   헨리 S. 윌리엄스, 『과학사(*History of Science*)』, 전 5권. 1권 1~4장.

그룹 3 ― 그리스

8 브레스티드와 로빈슨, 『인간의 모험』, 1권 8~19장.

5 웰스, 『역사 개요』, 22~25장.

13 존 배그넬 베리, 『그리스 역사(*History of Greece*)』, 전 2권.

14 헤로도토스, 『역사(*Histories*)』(에브리맨 라이브러리).

15 투키디데스, 『펠로폰네소스 전쟁(*The Peloponnesian War*)』(에브리맨 라이 브러리).

16† 플루타르크, 『영웅전(*Lives of Illustrious Men*)』. 특히 리쿠르고스, 솔론, 테미스토클레스, 아리스티데스, 페리클레스, 알키비아데스, 데모스테 네스, 알렉산드로스 편.

17 길버트 머레이, 『그리스 문학(*Greek Literature*)』.

18 호메로스, 『일리아드(*Iliad*)』, 번역 브라이언트, 선집.

19 호메로스, 『오디세이(*Odyssey*)』, 번역 브라이언트, 선집.

20 아이스킬로스, 『사슬에 묶인 프로메테우스(*Prometheus Bound*)』, 번역 엘 리자베스 브라우닝.

21 소포클레스, 『오이디푸스왕(*Oedipus Tyrannus*)』과 『안티고네(*Antigone*)』, 번역 영(에브리맨 라이브러리).

22 에우리피데스, 지금까지 길버트 머레이가 번역한 모든 희곡.

23 디오게네스 라에르티오스, 『철학자들의 생애(*Lives of the Philosophers*)』.

24† 플라톤, 『대화편(*Dialogues*)』, 번역 조웻. 특히 『소크라테스의 변론 (*The Apology of Socrates*)』, 『파이돈(*Phaedo*)』, 『국가론(*The Republic*)』(섹 션 327~332, 336~377, 384~385, 392~426, 433~435, 481~483, 512~520, 572~595), 편집 어윈 에드먼.

25 아리스토텔레스, 『니코마코스 윤리학(*Nicomachean Ethics*)』.

26 아리스토텔레스, 『정치학(*Politics*)』.

12 윌리엄스, 『과학사』, 1권 5~9장.

11 포르, 『예술사』, 1권 4~7장.

그룹 4 ― 로마

8   브레스티드와 로빈슨, 『인간의 모험』, 1권 20~30장.

5   웰스, 『역사 개요』, 27~29장.

16   플루타르크, 『영웅전(*Lives*)』. 특히 대(大) 카토, 티베리우스와 가이우스 그라쿠스, 마리우스, 술라, 폼페이, 키케로, 카이사르, 브루투스, 안토니우스 편.

27   루크레티우스, 『사물의 본질에 관하여(*On the Nature of Things*)』, 번역 먼로. 일부 구절이 W. H. 맬럭, 『삶과 죽음에 관한 루크레티우스의 말(*Lucretius on Life and Death*)』에 훌륭하게 의역되어 있다.

28   베르길리우스, 『아이네이스(*Aeneid*)』, 번역 윌리엄 모리스, 선집.

29† 마르쿠스 아우렐리우스, 『명상록(*Meditations*)』(에브리맨 라이브러리).

12   윌리엄스, 『과학사』, 1권 10~11장.

11   포르, 『예술사』, 1권 8장.

30† 에드워드 기번, 『로마 제국 쇠망사(*The Decline and Fall of the Roman Empire*)』, 전 6권(에브리맨 라이브러리). 특히 1~4, 9~10, 14, 15~24, 26~28, 30~31, 35~36, 44, 71장.

그룹 5 ― 기독교 시대

8   브레스티드와 로빈슨, 『인간의 모험』, 2권 1~11장.

5   웰스, 『역사 개요』, 30~34장.

30   기번, 『로마 제국 쇠망사』, 37~38, 47~53, 55~59, 64~65, 68~70장.

31† 오마르 하이얌, 『루바이야트(*Rubaiyat*)』, 피츠제럴드의 의역.

32   조지 무어, 『엘로이즈와 아벨라르(*Heloise and Abelard*)』, 전 2권.

33   단테, 『신곡(*The Divine Comedy*)』, 번역 롱펠로 또는 C. E. 노튼.

34† 이폴리트 텐, 『영문학사(*History of English Literature*)』, 1권.

35   제프리 초서, 『캔터베리 이야기(*Canterbury Tales*)』(에브리맨 라이브러리). 선집.

36 헨리 애덤스, 『몽생미셸과 샤르트르(*Mont St. Michel and Chartres*)』.

12 윌리엄스, 『과학사』, 2권 1~3장.

37 세실 그레이, 『음악사(*History of Music*)』, 1~3, 5장.

그룹 6 ─ 이탈리아 르네상스

5   웰스, 『역사 개요』, 35장.

38 존 애딩턴 시먼즈, 『이탈리아의 르네상스(*The Renaissance in Italy*)』, 전 7권.

39 벤베누토 첼리니, 『자서전(*Autobiography*)』, 번역 시먼즈.

40 조르조 바사리, 『미술가 열전(*Lives of the Painters and Sculptors*)』, 전 4권. 특히 조토, 브루넬레스키, 보티첼리, 프라 안젤리코, 레오나르도 다빈치, 라파엘로, 미켈란젤로 편.

41 H. 호프딩, 『현대 철학사(*History of Modern Philosophy*)』, 전 2권. 브루노와 마키아벨리 편.

42 니콜로 마키아벨리, 『군주론(*The Prince*)』.

37 그레이, 『음악사』, 6, 8장.

그룹 7 ─ 16세기 유럽

8   브레스티드와 로빈슨, 『인간의 모험』, 2권 13~14장.

43 P. 스미스, 『종교 개혁 시대(*The Age of the Reformation*)』.

44 E. 파게, 『프랑스 문학(*The Literature of France*)』, 16세기 부분.

45 라블레, 『가르강튀아와 팡타그뤼엘(*Gargantua and Pantagruel*)』.

46† 몽테뉴, 『수상록(*Essays*)』, 전 3권(에브리맨 라이브러리). 특히 「마차에 대하여(Of Coaches)」, 「위대성의 불편함에 대하여(Of the Incommodity of Greatness)」, 「허영에 대하여(Of Vanity)」, 「경험에 대하여(Of Experience)」.

47 세르반테스, 『돈키호테(*Don Quixote*)』.

48† 셰익스피어의 희곡들. 특히 『햄릿(*Hamlet*)』, 『리어왕(*Lear*)』, 『맥베스

(*Macbeth*)』, 『오셀로(*Othello*)』, 『로미오와 줄리엣(*Romeo and Juliet*)』, 『줄리어스 시저(*Julius Caesar*)』, 『헨리 4세(*Henry IV*)』, 『베니스의 상인 (*Merchant of Venice*)』, 『뜻대로 하세요(*As You Like It*)』, 『한여름 밤의 꿈 (*Midsummer Night's Dream*)』, 『아테네의 티몬(*Timon of Athens*)』, 『템페스트 (*Tempest*)』.

34 텐, 『영문학사』, 2권 1~4장.

37 그레이, 『음악사』, 4, 7장.

12 윌리엄스, 『과학사』, 2권 4~8장.

11 포르, 『예술사』, 3권 4~6장.

그룹 8 ― 17세기 유럽

8 브레스티드와 로빈슨, 『인간의 모험』, 2권 15장.

44 파게, 『프랑스 문학』, 17세기 부분.

49 라로슈푸코, 『성찰(*Reflections*)』.

50 몰리에르의 희곡들. 특히 『타르튀프(*Tartuffe*)』, 『수전노(*The Miser*)』, 『인간 혐오자(*The Misanthrope*)』, 『서민 귀족(*The Bourgeois Gentleman*)』, 『조각상의 잔치(동 쥐앙)(*The Feast of the Statue(Don Juan)*)』.

51† 프랜시스 베이컨의 수필 전체(에브리맨 라이브러리).

52 존 밀턴, 『리시다스(*Lycidas*)』, 『랄레그로(*L'Allegro*)』, 『일 펜제로소(*Il Penseroso*)』, 『소네트(*Sonnets*)』, 『아레오파지티카(*Areopagitica*)』, 그리고 『실락원(*Paradise Lost*)』 중 일부.

12 윌리엄스, 『과학사』, 2권 9~13장.

41 호프딩, 『현대 철학사』, 베이컨, 데카르트, 홉스, 로크, 스피노자, 라이프니츠 부분.

53 홉스, 『리바이어던(*Leviathan*)』(에브리맨 라이브러리).

54 스피노자, 『윤리학(*Ethics*)』과 『지성개선론(*On the Improvement of the Understanding*)』(에브리맨 라이브러리).

11 포르, 『예술사』, 4권 1~4장.

37 그레이, 『음악사』, 9~10장.

그룹 9 ── 18세기 유럽

8   브레스티드와 로빈슨, 『인간의 모험』, vol. II, 16~21장.

5   웰스, 『역사 개요』, 26~27장.

44 파게, 『프랑스 문학』, 18세기 부분.

55 생트뵈브, 『18세기의 초상(*Portraits of the 18th Century*)』.

56 볼테르의 작품들. 특히 『캉디드(*Candide*)』, 『자디그(*Zadig*)』, 그리고 관
    용과 역사에 관한 에세이들.

57 장자크 루소, 『고백록(*Confessions*)』.

58 이폴리트 텐, 『현대 프랑스의 기원(*Origins of Contemporary France*)』, 전 6권.
    1~4권.

59† 칼라일, 『프랑스 혁명(*The French Revolution*)』, 전 2권(에브리맨 라이브러리).

34 텐, 『영문학사』, 3권 4~7장.

60† 보즈웰, 『새뮤얼 존슨의 생애(*Life of Samuel Johnson*)』, 전 2권(에브리맨 라
    이브러리).

61 헨리 필딩, 『톰 존스(*Tom Jones*)』(에브리맨 라이브러리).

62 로런스 스턴, 『트리스트럼 샌디(*Tristram Shandy*)』(에브리맨 라이브러리).

63† 조너선 스위프트, 『걸리버 여행기(*Gulliver's Travels*)』(에브리맨 라이브러리).

64 데이비드 흄, 『인간의 본성에 관하여(*Treatise on Human Nature*)』, 전 2권
    (에브리맨 라이브러리). 특히 2권과 3권.

65 메리 울스턴크래프트, 『여성의 권리 옹호(*Vindication of the Rights of
    Woman*)』.

66 애덤 스미스, 『국부론(*The Wealth of Nations*)』, 전 2권(에브리맨 라이브러
    리). 선집.

12 윌리엄스, 『과학사』, 2권 14~15장.

41 호프딩, 『현대 철학사』, 18세기 부분.

11 포르, 『예술사』, 4권 5~6장.

37 그레이, 『음악사』, 11~12장.

그룹 10 ─ 19세기 유럽

8 브레스티드와 로빈슨, 『인간의 모험』, 2권 22~28장.

5 웰스, 『역사 개요』, 38~39장.

58 텐, 『현대 프랑스의 기원』, 5권 『근대 체제(*The Modern Regime*)』, pp. 1~90.

67 에밀 루트비히, 『나폴레옹(*Napoleon*)』.

68 게오르그 브라네스, 『19세기 문학의 주류(*Main Currents of 19th Century Literature*)』, 전 6권.

69† 괴테, 『파우스트(*Faust*)』.

70 에커만, 『괴테와의 대화(*Conversations with Goethe*)』.

71 하이네의 시들, 번역 루이스 언터마이어.

34 텐, 『영문학사』, 4~5권.

72† 키츠의 시들.

73† 셸리의 시들.

74† 바이런의 시들.

44 파게, 『프랑스 문학』, 19세기 부분.

75 발자크, 『고리오 영감(*Père Goriot*)』.

76† 플로베르의 작품들. 특히 『보바리 부인(*Mme. Bovary*)』과 『살람보(*Salambo*)』.

77 위고, 『레 미제라블(*Les Miserables*)』.

78 아나톨 프랑스, 『펭귄섬(*Penguin Isle*)』.

79 테니슨의 시들.

80 디킨스, 『피크위크 페이퍼스(*Pickwick Papers*)』.

81 새커리, 『허영의 시장(*Vanity Fair*)』.

82 투르게네프, 『아버지와 아들(*Fathers and Children*)』.

83 도스토옙스키, 『카라마조프가의 형제들(*The Brothers Karamazov*)』.

84 톨스토이, 『전쟁과 평화(*War and Peace*)』.

85 입센, 『페르 귄트(*Peer Gynt*)』.

12 윌리엄스, 『과학사』, 3~4권.

86 다윈, 『인간의 유래(*Descent of Man*)』.

41 호프딩, 19세기 부분.

87 버클, 『잉글랜드 문명사 서론(*Introduction to the History of Civilization in England*)』, 특히 1부 1~5장, 15장.

88 쇼펜하우어의 작품들, I-Vol. ed.

89 니체, 『자라투스트라는 이렇게 말했다(*Thus Spake Zarathustra*)』.

11 포르, 『예술사』, 4권 7~8장.

37 그레이, 『음악사』, 13~17장.

그룹 11 ― 미국

90† 찰스 A. 비어드와 메리 R. 비어드, 『미국 문명의 등장(*The Rise of American Civilization*)』, 전 2권.

91 포의 시와 이야기들.

92 에머슨의 수필.

93 소로, 『월든(*Walden*)』.

94† 휘트먼, 『풀잎(*Leaves of Grass*)』.

95 링컨의 편지와 연설문.

그룹 12 ― 20세기

8 브레스티드와 로빈슨, 『인간의 모험』, 2권 29~30장.

5 웰스, 『역사 개요』, 40~41장.

96 로맹 롤랑,『장 크리스토프(*Jean Christophe*)』, 전 2권.

97† 해블록 엘리스,『성(性) 심리학 연구(*Studies in the Psychology of Sex*)』, 1, 2, 3, 4권.

98† 헨리 애덤스,『헨리 애덤스의 교육(*The Education of Henry Adams*)』.

99 앙리 베르그송,『창조적 진화(*Creative Evolution*)』.

100† 오스발트 슈펭글러,『서구의 몰락(*Decline of the West*)』, 전 2권.

† 표시는 구매를 추천한다는 뜻이다. 이 표시가 붙은 책은 총 스물일곱 권이고, 대략적인 구입 비용은 90달러(중고 서점을 조사한 결과를 바탕으로)다. 이 목록에 언급된 책은 모두 151권이고, 대략적인 구입 비용은 300달러(중고 서점을 조사한 결과를 바탕으로)다. 읽는 데 필요한 시간은 권당 열 시간씩 걸린다고 가정했을 때, 주당 일곱 시간씩 4년이다.

5

인류 진보의 최고봉 10

1794년, 마리 장 드 콩도르세 후작이라는 위풍당당한 이름의 젊은 프랑스 귀족이 기요틴을 피해 파리 외곽의 작은 다락방에 숨어 있었다. 친구가 찾아오는 바람에 은신처가 들통나기라도 하면 안 되기 때문에 모든 친구들과 멀리 떨어진 그곳에서 마리 후작은 인간이 쓴 가장 낙관적인 책인 『인간 정신 진보의 역사적 개관(*Esquisse d'un tableau historique des progrès de l'esprit humain*)』을 썼다.

그는 얼마 전 과학이 미신이라는 족쇄에서 해방되어 뉴턴의 승리로 성가를 드높인 것을 유창한 솜씨로 묘사했다. "해방된 지식과 보편적인 무료 교육이 100년간 지속된다면, 모든 사회 문제가 다음 세기 말까지 해결될 것이다. (……) 우리가 살고 있는 이 지구의 수명 외에 진보를 제한하는 요소는 없다."

그는 이 작은 원고를 마무리한 뒤 자신이 머물던 집의 여주인에게 넘겨 주었다. 그러고는 밤의 어둠을 틈타 먼 시골 여관으로 도망쳐서 지친 몸을 침대에 던졌다. 깨어나 보니 경찰이 그를 에워싸고 있었다. 그는 자신의 낭만적인 생애에서 절정에 해당하는 이 순간을 위해 들고 다니던 독약 병을 주머니에서 꺼내 마지막 한 방울까지 마셔 버리고는 시체가 되어 자신을 잡으러 온 자들의 품으로 쓰러졌다.

나는 그런 위치의 사람(귀족의 특권과 재산을 모두 희생한 그의 노력이 무위로 돌아가고, 그의 희망은 최후의 최후까지 몰려 있었다. 그리고 유럽의 모든 젊은이들이 더 나은 세상을 위해 희망을 걸었던 위대한 혁명은 무차별적인 의심과 공포를 쏟아 내는 중이었다.)이 낙담과 우울로 점철된 서사시 대신 진보의 찬가를 썼다는 사실에 놀라움을 금할 수 없다.

일찍이 누구도 인류를 그토록 믿은 적이 없으며, 그 후로도 없는 듯하다. 고대 그리스어와 라틴어 문헌을 모두 뒤져 봐도 인류의 진보에 대해 그토록 긍정적인 믿음을 피력한 글은 찾지 못할 것이다. 서양이 진보라는 바이러스 또는 열병을 가지고 동양으로 진출한 뒤에야 힌두 사상가나 중국 사상가에게서 비로소 세월이 흐를수록 인류가 앞으로 나아간다는 개념에 대한 믿음을 조금이나마 찾아볼 수 있다. 이런 개념은 인류에게 비교적 새로운 것이다.

진보의 정의

'진보'라는 말은 무슨 뜻일까? 주관적인 정의로는 부족할 것이다. 진보를 한 나라나 한 종교, 한 가지 도덕규범에만 입각해서 생각해서는 안 된다는 뜻이다. 예를 들어, 상냥함의 증가는 우리의 젊은 니체 추종자들에게 경각심을 심어 줄 것이다. 진보를 행복이라는 관점에서 정의할 수도 없다. 바보들이 천재보다 더 행복하고, 우리가 가장 존경하는 사람들은 행복이 아니라 위대함을 추구하기 때문이다. 우리가 쓰는 '진보'라는 용어의 객관적인 정의, 모든 개인과 집단은 물론 모든 생물 종에게까지 적용되는 정의를 찾는 것이 가능할까? 임시로 진보를 "생명체가 환경에 대한 통제권을 늘리는 것"으로 정의하고, 환경이란 "욕망의 조정과 실현을 좌우하는 모든 정황"을 뜻한다고 해 보자. 이때 진보란 정신과 목적의식이 혼돈을 지배하는 것, 형식과 의지가 물질을 지배하는 것이다.

진정한 진보가 반드시 지속적이어야 할 필요는 없다. 그래프가 평평하게 이어지는 '안정기'가 있을 수 있다는 뜻이다. 암흑시대와 실망스러운 퇴보도 있을 수 있다. 하지만 가장 마지막 단계가 무엇보다 높은 정점에 도달한다면 인류가 진보를 이룩했다고 말할 수 있을 것이다. 시대와 나라를 평가할 때 우리는 생각이 느슨해지는 것을 반드시 경계해야 한다. 아직 청년기인 나라들과 문화적으로 성숙하고 원숙한 나라들을 비교해도 안 되고, 한 시대의 최악 또는 최고의 측면을 모든 과거 속에서 선별한 최악이나 최고의 측면과 비교해도 안 된다.

미국이나 오스트레일리아처럼 젊은 나라들에서 많이 나타나는 천재가 화가나 시인, 조각상과 언어의 조각가보다는 기업의 중역, 탐험가, 과학자 쪽에 치우쳐 있음을 알게 된다면, 우리는 각각의 시대와 장소에 유독 필요한 천재들이 따로 있으며, 문화적인 천재들은 이 실용적인 천재들이 길을 닦고 예비해 놓은 뒤에야 비로소 나타날 수 있음을 이해할 수 있을 것이다. 문명도 나타났다 사라지고 인간이 하는 모든 일에 유한성이 작용한다는 사실을 알게 된다면, 우리는 죽음이 반박할 수 없는 현실임을 고백할 것이다. 그리고 우리의 생애와 나라가 낮에 해당하는 시기를 지나는 동안, 우리가 조금씩 위로 올라가 예전보다 좀 더 나은 사람이 될 수 있다면 거기서 위안을 얻을 것이다. 과거 건장한 플라톤과 견실한 소크라테스 시절에 비해 요즘 철학자들의 지위가 빈약하고, 우리의 조각가들이 도나텔로나 안젤로에 미치지 못하고, 우리의 화가들이 벨라스케스보다 떨어지고, 우리의 시인과 작곡가들이 셸리나 바흐의 이름과 함께 불릴 수 없다는 사실을 알게 되더라도 우리는 절망하지 않을 것이다. 이 별들이 모두 똑같은 밤하늘에서 빛난 것이 아니기 때문이다. 우리의 문제는 인류의 전체적인 능력이 평균적으로 상승했는지, 그리고 지금 정점에 올라 있는지 여부다.

전체를 개괄적으로 살피면서, 비록 불안정하고 혼란스러울지라도 우리가 살고 있는 현대를 원시 시대의 무지, 미신, 야만성, 식인 풍습, 질병 등과 비교해 보면 조금 위안을 얻을 수 있다. 우리 인류의 최하층은 지금도 원시인들과 아주 조금 다른 수준에 불과하겠지만, 그 위의 층에서는 수억 명이나 되는 사람들이 도덕적으로나 정신적으로 원시인들이 아마 감히 상상도 하지 못했을 수준에 도달해 있기 때문이다.

도시 생활의 복잡한 스트레스 속에서 우리는 때로 조용하고 단순하던 야만 시대에서 피난처를 찾는 상상을 한다. 하지만 이런 낭만적인 생각이 다소 잦아들고 나면, 이것이 우리에게 주어진 실질적인 임무에서 도망치고 싶어서 나온 반응임을 알게 된다. 야만 시대를 우상처럼 숭배하는 것은, 젊은 이들의 의견이 대개 그렇듯이, 사춘기 부적응의 성급한 표현이며 현대 인간들의 정신적인 성숙 지연과 관련된 고통의 일부일 뿐이다. 야만 부족들에 관한 연구는 그들의 유아 사망률이 높고, 수명이 짧고, 움직이는 속도와 체력이 우리보다 떨어지고, 의지력도 약하고, 전염병의 위세가 더 강하다는 것을 보여 준다. 친절하고 미끈한 야만인은 자연과 같다. 벌레와 흙이 없어야 즐거워진다는 점에서.

하지만 야만인이 이야기의 방향을 역으로 돌려서 우리에게 우리의 정치와 전쟁을 어떻게 생각하는지, 인류학 교과서에 괴상한 이름으로 실려 있는 부족들보다 우리가 더 행복하다고 생각하는지 물어볼 수도 있다. 진보를 믿는 사람이라면 우리의 전쟁 기술이 지나치게 많이 발전했다는 것, 놀랍고 예외적인 몇 명을 빼면 우리 정치가들이 밀로와 클로디우스 시대 로마 포럼에도 아주 잘 어울리는 사람들이라는 점을 인정해야 할 것이다.

행복에 대해서는 누구도 딱 떨어지는 대답을 내놓을 수 없다. 행복은 손에 잘 잡히지 않는 천사와 같아서 우리에게 탐지되는 순간 망가지고, 측정하기도 쉽지 않기 때문이다. 아마도 행복을 좌우하는 것은 첫째 건강, 둘째 사랑, 셋째 재산일 것이다. 돈에 대해서는 우리가 워낙 많은 진보를 이룩한 탓에 지식인들의 양심이 돈에 짓눌리고 있다. 사랑에 대해서는 유례없는 창의력과 다양함으로 모자라는 깊이를 메우려고 애쓰는 중이다. 수천 가지나 되는 유행 다이어트와 약물들은 우리로 하여금 소박한 시절의 소박한 사람들에 비해 많은 병에 시달리고 있다고 믿게 만들지만 이것은 망상이다. 우리는 지금 의사가 많이 존재하는 것은 틀림없이 예전보다 병이 늘었기 때문이라고 생각한다. 하지만 실제로는 과거에 비해 병이 늘어나지 않았다. 오로지 돈이 많아졌을 뿐이다. 늘어난 재산 덕분에 원시인들은 이름조차 모른 채 죽어 갔던 질병들을 치료하고 보존하고 지배할 수 있게 된 것이다.

역사의 개요

받아들일 것은 받아들이고 수정할 것은 수정했으니, 이제 전체적인 관점에서 진보라는 문제를 살펴보자. 역사를 크게 바라볼 때는 흥망이 교차되는 그래프로 보인다. 마치 국가들과 문화들이 아주 거대한 필름 위를 지나 사라지는 것처럼 보인다고 할 수 있다. 하지만 나라들의 이 불규칙한 움직임과 사람들의 혼돈 속에서 몇몇 위대한 순간들이 인류사의 정수이자 최고봉으로 두드러진다. 일단 한번 이루어지고 난 뒤 결코 사라지지 않은 발전의 순간들. 인류는 야만의 상태에서 과학자가 되기까지 한 발 한 발 올라왔다. 그 성장 단계들을 정리하면 다음과 같다.

1 언어

언어 능력을 갑작스러운 성취나 신들의 선물로 보지 말고, 동물들의 짝짓기를 위한 외침에서부터 수백 년에 걸친 노력을 통해 서정적인 시에 이르기까지 정확한 표현 능력이 서서히 발전한 것으로 보아야 한다. 단어들, 즉 특정한 이미지에 하나의 카테고리를 대변하는 능력을 부여해 주는 보통 명사가 없었다면 일반화는 시작 단계에서 멈춰 버렸을 것이고, 이성은 짐승 수준에 그대로 머물렀을 것이다. 언어가 없었다면 철학과 시, 역사와 산문도 불가능했을 것이고, 사고 능력은 아인슈타인이나 아나톨 프랑스 수준의 정묘함에 결코 도달하지 못했을 것이다. 언어가 없었다면 인간은 인간이 될 수 없었을 것이다.

2 불

불 덕분에 인류는 기후로부터 독립하고, 지상에서 더 넓은 영역을 차지할 수 있었으며, 도구들을 단단하고 튼튼하게 다듬고, 전에는 먹을 수 없었던 수천 가지 물질들을 음식으로 먹을 수 있었다. 인류가 밤의 주인이 된 것도 결코 무시할 수 없는 일이다. 불은 밤과 새벽에 활기를 주는 빛을 뿌려 주었다. 인류가 밤을 정복하기 이전의 어두운 풍경을 상상해 보라. 그 원시적인 심연에 대한 공포는 지금도 우리의 전통 속에, 어쩌면 우리의 핏속에까지 살아남아 있는 듯하다. 예전에는 매일 황혼 녘이 곧 비극을 의미했기 때문에 사람들은 두려움에 떨며 동굴 안 거처로 기어 들어갔다. 오늘날 우리는 해가 뜰 때까지 동굴 안에 숨지 않는다. 그러느라 태양을 놓치는 것이 어리석은 짓이긴 하나, 원시 시대의 두려움에서 이렇게 해방되다니 얼마나 좋은가? 사람이 만들어 낸 수억 개의 별빛들이 밤을 뒤덮으면서 사람들의 정신도 밝아졌고, 현대인들의 삶은 쾌활해졌다. 빛에게 아무리 감사해도 모자랄 것이다.

3 동물 정복

우리의 머리는 너무 많은 것을 잊어버리고, 상상력 또한 보잘것없어서 우리는 덩치 큰 육식 동물들로부터 안전해진 것이 얼마나 커다란 축복인지 잘 깨닫지 못한다. 오늘날 동물들은 우리의 장난감이자 무기력한 먹잇감이지만, 인간이 사냥꾼이자 사냥감이던 시대는 분명히 존재했다. 그때는 동굴이나 오두막에서 나와 내딛는 한 걸음 한 걸음이 모험이었으며 지상의 소유권은 아직 누구의 것인지 결정되지 않았다. 이 행성을 인간의 것으로 만들려는 전쟁이야말로 인류 역사에서 가장 중요한 것임이 분명하다. 여기에 비하면 다른 전쟁들은 모두 아무런 성과도 거두지 못하는 가족 간의 분쟁에 지나지 않는다. 신체적 힘과 정신력 사이의 싸움은 기록으로 남아 있지 않은 오랜 세월 동안 이어졌다. 그러다가 마침내 인류가 전쟁의 승자로 결정되었을 때, 그 승리의 과실(지상에서 누리는 안전)이 과거에서 전해져 온 다른 많은 선물들과 함께 헤아릴 수 없이 많은 세대에 걸쳐 이어져 우리가 태어나는 순간 물려받는 유산의 일부가 되었다. 이런 갈등과 승리에 비하면 우리의 일시적인 퇴행쯤 대수겠는가.

4 농업

사냥 단계에서는 문명이 불가능했다. 문명이 발전하는 데에는 정해진 주거지, 정착 생활이 필요하기 때문이다. 문명은 집과 학교와 더불어 우리를 찾아왔다. 밭의 소산이 숲의 동물이나 가축 대신 사람들의 식량이 되었기 때문에 가능한 변화였다. 사냥꾼이 사냥감을 발견하기는 점점 더 어려워지는 반면, 그가 집에 남겨 두고 온 여자들이 돌보는 땅은 점점 더 많은 열매를 내놓았다. 참을성 많은 아내가 농사를 지으며 남편에게서 독립할 기미를 보이자, 남편은 자신의 주도권을 지키기 위해 마침내 억지로 단조로운 농사에 손을 댈 수밖에 없었다. 인류 역사상 무엇보다 커다란 영향을 미친 이 변화가 일어나는 데에는 틀림없이 수백 년이 걸렸을 것이다. 마침내 변화가 이루어지자 문명이 시작되었다.

조지 메러디스*는 여성이 남성의 손에 문명화된 최후의 생물일 것이라고 말했다. 하지만 단 한 문장으로 이렇게 틀린 소리를 하기도 쉽지 않다. 문명이 일어나는 데 주로 기여한 것은 다음 두 가지였기 때문이다. 먼저 집은 사회 구성원들을 심리적으로 결합시키는 사회적 기질을 발전시켰다. 두 번째로 농업은 이리저리 떠돌아다니며 사냥과 목축을 하고 생명을 죽이던 사람들이 한곳에 오래 정착해 집, 학교, 교회, 대학, 문명을 세우게 해 주었다. 그런데 남자에게 농업과 집을 준 사람은 바로 여성들이었다. 여성은 양과 돼지를 가축화하듯 남자들도 길들였다. 남성은 여성들의 마지막 가축이며, 아마도 여성의 손에 문명화될 마지막 생물일 것이다. 이 일은 이제 막 시작되었다. 우리의 식단을 한 번만 살펴봐도 우리가 아직 사냥 단계에 있음을 알 수 있을 것이다.

5 사회 조직

두 남자가 다투고 있다. 한 남자가 상대를 쓰러뜨리고 죽인 뒤, 살아남은 자가 틀림없이 옳고 죽은 자가 틀림없이 틀렸을 것이라는 결론을 내린다. 국제적 분쟁에서는 지금도 받아들여지는 증명 방식이다. 또 다른 두 남자가 다투고 있다.

---

* 1828~1909, 빅토리아 시대의 소설가이자 시인.

그런데 한 남자가 상대에게 이렇게 말한다. "우리 싸우지 맙시다. 이러다 둘 다 죽을지도 몰라요. 우리의 의견 차이를 부족의 장로 앞에 가져가서 장로의 결정에 따르기로 합시다." 이것이야말로 인류 역사에서 지극히 중요한 순간이었다! 만약 상대가 "싫다."고 대답했다면 야만 시대가 계속되었을 것이고, "좋다."고 대답했다면 문명이 인류의 기억 속에 뿌리를 하나 더 내렸을 테니 말이다. 혼돈이 질서로, 야만성이 판단력으로, 폭력이 법률로 대체되었을 것이다. 여기에도 역시 우리가 미처 느끼지 못한 선물이 있다. 우리는 이미 보호를 받는 배타적인 집단 안에서 태어나기 때문에, 무질서하거나 외진 지역에 발길이 닿지 않는 한 그 가치를 결코 알지 못한다. 우리의 의회가 수상쩍은 발명품이라는 사실, 지상의 평범함의 정수만 뽑아 놓은 곳이라는 사실은 하느님도 아신다.

그래도 우리는 안전한 삶과 번영을 어찌어찌 누리고 있다. 만약 내전이나 혁명이 일어나 우리의 삶이 원시적인 수준으로 떨어진다면, 우리는 지금의 삶에 대해 좀 더 따스한 시각을 갖게 될 것이다. 오늘날의 안전한 여행과 강도들이 날뛰던 중세 유럽의 대로를 비교해 보라. 오늘날의 영국만큼 질서와 자유가 확립된 곳은 역사상 어디에도 없었다. 유능하고 명예로운 사람들에게 공직을 열어 줄 방법이 발견된다면, 언젠가 미국에서도 이만한 질서와 자유가 확립될지 모른다. 하지만 정치적 부패와 민주적 관리 부실에 대해 지나치게 흥분하면 안 된다. 정치는 삶 그 자체가 아니라 삶에 접붙인 가지에 불과하기 때문이다. 저속한 신파극 같은 정치 체제하에서도 가정과 학교에는 전통적인 사회 질서가 조용히 보존되고 있다. 우리에게 우회적으로 영향을 미쳐, 우리의 타고난 무법자 정신을 어느 정도의 협동 정신과 선의로 바꾸어 주는 수많은 다른 곳도 마찬가지다. 우리는 미처 의식하지 못한 사이에, 100여 세대에 걸친 시행착오, 축적된 지식, 물려받은 부를 통해 우리를 위해 확립된, 사회 질서라는 사치스러운 전통에 참여하고 있다.

6 도덕

여기서 우리는 우리가 지닌 문제의 가장 핵심을 건드리게 된다. 인류는 과연 과거에 비해 도덕적으로 나은 존재가 되었는가? 지능이 도덕의 한 요소라면, 우리는 분명 나아졌다. 평균 지능이 높아졌고, 우리가 막연히 '발전된' 지성이라고 부를 만한 사람들도 크게 늘었다. 성격에 대해서는 십중팔구 퇴행한 듯하다. 사고의 정묘함이 자라나면서 대신 영혼의 안정성이 희생된 것이다. 아버지 세대 앞에서 우리 지식인들은 불편한 느낌이 든다. 머릿속에 쑤셔 넣은 생각들의 숫자 면에서 우리가 아버지들을 능가하고, 지금도 아버지들이 도움과 위안을 얻는 반가운 미신들에서 우리는 해방되었을지언정 조건 없는 용기, 임무와 목표에 대한 충성, 인격의 힘 자체만을 따진다면 우리가 아버지들보다 떨어진다는 생각이 들기 때문이다.

하지만 도덕이 그리스도교에서 칭찬하는 미덕들을 암시하는 거라면, 우리는 광산과 빈민가, 민주주의의 부패, 도시의 호색적인 중독에도 불구하고 떠듬떠듬 어느 정도 발전을 이룩했다. 우리는 예전보다 조금 더 상냥해졌다. 그래서 심지어 한 번도 본 적이 없는 외국인들이나 최근 적대적으로 변한 민족들에게도 관용을 발휘할 수 있다. 1년 동안(1928년) 우리나라의 민간 기부금은 20억 달러가 넘었다. 미국에서 유통되는 전체 통화량의 절반에 해당하는 금액이다. 살인자들에게 죽음을 내리는 제도는 여전하다. 우리가 그들을 잡아서 기소할 수만 있다면 그렇다는 말이다. 하지만 '생명에는 생명을' 요구하는, 이 유구한 응보적 정의에 대해 우리가 조금 불편한 감정을 갖고 있기 때문에, 이 궁극의 처벌이 선고되는 범죄의 수는 급격히 줄어들었다.

200년 전 '살기 좋은 영국'에서 사람들은 겨우 1실링을 훔쳐도 법에 따라 교수형에 처해질 수 있었다. 지금도 그리 큰 액수를 훔치지 않은 사람이 엄격한 처벌을 받는다. 겨우 몇백 년 전만 해도 스코틀랜드의 광부들은 세습 농노였으며,

프랑스에서는 범죄자들을 공개적으로 고문해서 죽이는 것이 합법이었다. 잉글랜드에서는 채무자들이 평생 감옥에 갇혔고, '점잖고 존경할 만한 사람들'이 노예를 잡으려고 아프리카 해안을 습격했다. 또한 감옥이 더러움과 공포의 소굴이던 시절에서 벗어난 지 아직 100년도 되지 않았다. 당시 감옥은 사소한 범죄를 저지른 자들이 강력범으로 거듭나는 대학과 같았지만, 지금은 지친 살인자들을 위한 휴양지 같다. 하층 노동 계급에 대한 착취는 여전해도, 우리는 '복지 제도'로 우리의 양심을 위로한다. 우생학은 한때 자연 선택의 주요 원인이었던 약자와 병자의 가차 없는 제거와 인간의 자비심 사이에서 균형을 맞추기 위해 인위적인 선택을 동원해 애쓰고 있다.

우리는 예전에 비해 폭력이 늘어났다고 생각하지만 실은 그저 신문이 늘어났을 뿐이다. 광대하고 강력한 신문들이 전 세계를 뒤져 독자들에게 위안이 될 범죄와 추문을 찾아내고 있다. 그래서 다섯 대륙에서 벌어지는 모든 악행들과 정치적 행동들이 아침 식욕 증진을 위해 신문 한 면에 모이게 된다. 우리는 이런 신문을 보면서 세상의 절반이 다른 절반을 죽이고 있고, 남은 사람들 중 상당 부분이 자살하고 있다는 결론을 내린다. 하지만 거리에서, 집에서, 대중 집회에서, 수많은 교통수단에서 우리는 살인도 자살도 만나지 못해 깜짝 놀란다. 우리가 만나는 것은 남자들이 기사도를 입에 담으며 여자들을 노예로 삼고, 성지에서 그리스도를 위해 싸우는 동안 아내에게 쇠를 채워 정조를 보장받던 시대보다 100배나 더 현실적이며 과시하지 않는 기사도, 무뚝뚝하지만 민주적인 예의다.

오늘날 지배적인 결혼 방식은 비록 혼란스럽고 해체적이기는 해도 포획이나 구매로, 그리고 초야권*으로 이루어지던 결혼 방식이 기분 좋게 다듬어진 것이다. 과거의 모든 역사 기록과 비교하면 지금은 남자와 여자 사이, 부모와 자식 사이, 스승과 제자 사이에서 야만적인 행위가 줄어들었다. 여성이 해방되어 남자 위에 올라선 것은 한때 흉악했던 남성들이 유례없이 점잖아졌음을 뜻한다. 원시인들은 모르던, 또는 그저 육체적 굶주림에 불과하던 사랑이 노래와 감상의 장엄한 정원에서 꽃을 피웠고, 그 안에서 아가씨를 향한 남자의 정열은 비록 육체적 욕구에 기운차게 뿌리내리고 있다 해도 향 연기처럼 피어올라 생생한 시의 영역으로 진입한다. 그리고 지친 어른들의 골머리를 썩이는 젊은이들은 사소한 악행에 대한 속죄로 지적인 열렬함과 도덕적 용기를 보여 준다. 언젠가

---

* 서민이 결혼할 때 추장이나 영주 등이 신랑보다 먼저 신부와 잠자리를 같이할 수 있는 권리.

교육이 마침내 밝은 곳에 모습을 드러내고 우리의 공직자들을 정화하기로 결심할 때, 그들의 이 열렬함과 용기가 헤아릴 수 없이 귀한 것이 될지도 모른다.

7　도구

낭만주의자들, 기계를 파괴하는 지식층, 원시 시대로(흙, 허드렛일, 뱀, 거미줄, 벌레가 있던 시절로) 돌아가자고 간청하는 사람들 앞에서 우리는 인류를 노예로 삼고 또한 해방시켜 주는 도구, 엔진, 기계의 노래를 부른다. 우리는 지금의 번영을 부끄러워할 필요가 없다. 한때 귀족들만 누리던 편안함과 기회가 만인의 특권이 된 것은 좋은 일이다. 문화가 광범위하게 뻗어 나가는 데에는 여가의 확산(비록 처음에는 오용되었지만)이 반드시 필요했다. 점점 늘어나는 발명품들은 우리가 환경을 통제하는 데 사용하는 새로운 기관이다. 동물들과는 달리 우리는 반드시 몸에 붙어 있는 기관들만 사용하지 않는다. 대신 도구를 만들어 사용한 뒤, 다시 필요해질 때까지 한쪽에 치워 둔다. 거대한 기계 팔은 예전에 수백만 명이 달라붙어야 했던 피라미드 건설을 한 달 만에 해치운다. 우리가 만든 거대한 인공 눈은 하늘에서 눈에 보이지 않는 별들을 찾아내고, 작은 눈은 눈에 보이지 않는 세포 안을 들여다본다. 원한다면 우리는 작은 목소리로도 대륙과 바다 너머를 향해 말을 건넬 수 있다. 시간을 초월한 신들처럼 자유로이 지상과 공중을 이동할 수 있다. 단순히 속도만으로는 가치가 없다는 말은 인정한다. 비행기는 인류의 용기와 끈질긴 의지력을 상징하는 존재로서 최고의 의미를 지닌다. 프로메테우스처럼 오랫동안 땅에 묶여 있던 우리는 마침내 스스로 해방되어 독수리와 얼굴을 마주할 수 있게 되었다.

하지만 이런 도구들이 우리를 정복하는 일은 일어나지 않을 것이다. 주위의 기계들에 우리가 패배한 듯 보이는 지금의 현상은 일시적인 적이다. 노예가 없는 세상을 향한 눈에 띄는 전진에서 잠시 걸음을 멈춘 것에 불과하다. 주인과 노동자를 모두 격하시켰던 비천한 일들은 이제 인간의 어깨를 짓누르지 않는다. 지칠 줄 모르는 강철 근육들이 그 일을 맡고 있기 때문이다. 곧 모든 폭포와 모든 바람이 공장과 가정에 그 자애로운 에너지를 쏟아 줄 것이고, 자유로워진 인간은 정신적인 노동만 하게 될 것이다. 혁명이 아니라 발명이 노예를 해방시킬 것이다.

8 과학

버클이 대체로 옳았다. 우리는 오로지 지식이라는 측면에서만 진보할 뿐이며, 다른 선물들은 서서히 이루어지는 정신의 계몽에 뿌리를 두고 있다. 작위 없는 귀족과 같은 연구자들의 세계, 실험실에서 벌어지는 조용한 전투 속에 정치적 책략과 무익하고 야만적인 전쟁에 맞서 무게 중심을 잡아 주는 이야기가 있다. 여기서 사람들은 최고의 모습을 보여 준다. 어둠과 박해를 뚫고 빛을 향해 꾸준히 나아간다. 작은 행성에 서서 보이지 않는 별자리들을 측정하고, 가늠하고, 분석하는 사람의 모습을 보라. 지구와 태양과 달의 변화를 예측하고, 천체들의 탄생과 죽음을 목격하는 모습을 보라. 언뜻 보면 실용과는 거리가 먼 것 같지만, 힘든 미로 속에서 새로운 공식을 추적해 인류의 힘을 몇 배로 불려 줄 한없는 발명품들의 토대를 닦는 수학자도 있다. 수십만 톤의 쇠가 강철 밧줄네 개에 매달려 용감하게 해안과 해안을 이어 주며, 헤아릴수 없이 많은 사람들의 통행을 감당하는 다리도 있다. 이것은세익스피어의 작품에 결코 뒤지지 않는 유창한 시(詩)다.

하늘을 향해 대담하게 솟아오른 도시적인 건물도 있다. 계산이라는 용기(勇氣)가 모든 압력으로부터 지켜 주고 있는 이건물들은 밤 풍경 속에서 다이아몬드가 점점이 박힌 화강암처럼 빛난다. 물리학에는 새로운 차원, 새로운 원소, 새로운원자, 새로운 힘이 있다. 바위 속에는 생명의 자서전이 있다. 물리학이 물질을 변화시키는 것처럼, 생물학은 실험실에서유기물의 세계를 변화시킬 준비를 한다. 어디서든 우리는 허세를 부리지 않고 보답도 받지 못하면서 공부하는 사람들을 볼 수 있다. 그들의 헌신이 어디서 나오는지 이해하기 힘들다. 그들은 자신이 심은 나무가 인류를 위해 열매 맺는 모습을 보지 못하고 눈을 감을 것이다. 그래도 그들은 멈추지 않는다.

인간이 물질에 대해 거둔 승리와 인간이 자신에 대해 거둔 여타의 승리가 아직 상대가 되지 않는 것은 사실이다. 진보를 옹호하는 주장은 여기서 다시 한번 휘청거린다. 심리학은 인간의 행동과 욕망을 통제하는 건 고사하고 이해하는 것조차 이제 막 시작한 참이다. 거기에 신비주의와 형이상학, 정신분석학, 행동주의, 분비샘에 대한 허황된 인식, 기타 사춘기 청소년 같은 질병들(주의 깊게 수정된 주장을 내놓는 사람들은 아무도 이름을 들어 보지 못한 심리학자들뿐이다. 우리나라에서는 극단적인 주장에 대한 민주적 열정 때문에 모든 과학이 일시적인 유행으로 탈바꿈한다.)이 심리학과 뒤섞여 있다. 하지만 심리학은 이런 질병들과 시련을 이기고 살아남아, 역사가 오랜 다른 학문들과 마찬가지로 책임감을 통해 성숙해질 것이다. 만약 또 다른 베이컨이 나타나 심리학의 영역을 지도처럼 표시하고, 심리학의 공격 목표와 적절한 방법을 명확히 밝히고, 거기에서 얻을 수 있는 "열매와 힘"을 지적한다면, 역사 속의 놀라운 일들과 인간의 집요함을 아는 우리들 중 누가 인간의 정신에 대한 지식이 늘어나면서 이루어질 수 있는 일들에 대해 감히 제한을 두려 하겠는가? 우리 시대에 이미 인간은 자신이 개조한 환경에서 주의를 돌려 자신을 개조하기 시작했다.

9 교육

우리는 과거로부터 축적된 경험을 점점 더 완전하게 후대에게 전해 주고 있다. 학교 장비에 엄청난 돈과 노동력을 들이고, 모두를 위한 교육 제공은 거의 현대적인 혁신이며, 아마도 우리 시대의 가장 의미심장한 특징일 것이다. 예전에 대학은 여유 있는 계층의 남자들만을 위한 사치품이었다. 하지만 지금은 종합 대학들이 워낙 많아서 열심히 뛰는 사람이라면 누구나 박사가 될 수 있다. 우리는 고대의 선별된 천재들을 뛰어넘지 못했지만, 인류가 지닌 지식의 평균 수준을 역사상 그 어느 때보다 훌쩍 높여 놓았다. 플라톤이나 아리스토텔레스 말고, 멍청하고 편협하고 야만적인 아테네 민회를 생각해 보라. 선거권이 없는 군중과 그들의 밀교적인 의식, 격리되어 노예 같은 생활을 했으며 고급 기생이 되어야만 교육을 받을 수 있었던 여성들을 생각해 보라.

학교의 확산과 남녀 학생들로 붐비는 대학으로도 세상이 아직 완전히 바뀌지 않았다고 불평을 늘어놓을 사람은 어린아이밖에 없을 것이다. 역사의 관점에서 위대한 교육 실험은 이제 막 시작되었다. 그러니 아직 그 실험의 가치를 증명할 시간이 없었다. 1만 년 동안 쌓인 무지와 미신을 단 한 세대 만에 없앨 수는 없는 일이다. 사실 무지의 높은 발생 빈도와 대중 투표로 독선적인 주장을 결정하는 방식이 결국 교육의 성과를 누르고 승리를 거둘지 아무도 모르는 일이다. 진보의 단계 중에서 우리는 아직 교육이 인류의 영구적인 업적이라고 확실히 말할 수 없는 지점에 있다. 하지만 이미 좋은 결과들이 나타나고 있다. 남부가 학교를 충분히 지을 수 있을 만큼 부를 축적하지 못했다는 이유가 아니라면, 남부보다 북부에서 관용과 정신의 자유가 더 쉽게 꽃을 피우는 이유가 무엇이겠는가? 경제적 궁핍과 정치적 착취에 시달린 나머지 정신의 경작과 파종에 할애할 시간이 없는 상황에서 한 세대를 보낸 사람들이 공직자로 평범한 사람을 선호하고 지도자로 편협한 사람을 뽑는 성향에 얼마나 영향을 미쳤는지 누가 알겠는가?

모든 사람이 스무 살까지 교육받고 인류의 지적인 보물에 똑같이 접근할 수 있게 된다면, 교육이 어떤 열매를 맺을까? 부모의 사랑이라는 본능, 즉 자식을 자신보다 더 훌륭한 사람으로 키우고자 하는 모든 정상적인 부모들의 깊은 충동을 다시 한번 생각해 보라. 이것이 바로 인류의 진보를 위한 생물학적 지렛대이며, 법이나 도덕적인 충고보다 더 믿을 만한 힘이다. 이 본능은 바로 인간 본성에 뿌리내리고 있기 때문이다. 인간의 청소년기가 길어지고 있다. 시작할 때는 더욱 무기력하고, 자신의 어두운 영혼에서 빠져나오려고 몸부림치는 고상한 모습을 향해 더욱 완전하게 자라난다. 우리는 문명의 원료다.

우리가 교육을 싫어하는 것은, 어릴 때 접한 교육이 본연의 모습을 하고 있지 않았기 때문이다. 교육을 외워야 할 사실들의 고통스러운 집합체라고 생각하지 말고, 위대한 사람들과 친해져서 고상해질 수 있는 과정이라고 생각해 보라. 개인이 '생계를 해결하기' 위해 준비하는 과정이 아니라, 각자 자신의 세계를 이해하고 통제하고 제대로 감상할 수 있는 모든 잠재력을 발전시키는 과정이라고 생각해 보라. 하지만 무엇보다도 교육은 자라나는 사람들을 인간으로 만들어 주는 기술적, 지적, 도덕적, 예술적 유산을 최대한 완전한 형태로 최대한 많은 사람들에게 전달하는 도구다. 우리가 사람답게 행동하는 것이 바로 교육 덕분인 것이다. 태어날 때 우리는 사람이라고 하기 어렵다. 우스꽝스럽고 악취를 풍기는 동물에 지나지 않는다. 우리는 과거가 현대로 쏟아져 내리는 수많은 경로를 통해 인간성을 불쑥 접하고 인간이 된다. 정신적인 유산과 문화적 유산의 보존, 축적, 전달을 통해 오늘날 인류는 결함이 있고 글도 모르는 사람들까지 끌어안은 채 일찍이 어느 세대도 도달하지 못한 수준에 도달해 있다.

10 글과 인쇄술

이번에도 우리의 상상력이 지닌 날개의 힘이 약해서 우리는 전체를 내려다볼 수 있는 위치까지 올라가지 못한다. 그래서 문자가 나타나기 이전에 무지, 무능, 두려움이 존재하던 오랜 세월을 그려 볼 수도 되돌아볼 수도 없다. 기록이 남아 있지 않은 그 세월 동안 인류는 힘들게 얻은 지식을 오로지 입을 통해서만 자식에게 전할 수 있었다. 만약 한 세대가 지식을 잊어버리거나 잘못 이해한다면 지식이라는 연약한 사다리를 처음부터 다시 올라야 했다. 글은 정신의 업적에 새로운 영구성을 부여해 주었다. 철학자들이 찾아낸 지혜, 연극과 시가 빚어낸 아름다움을 수천 년 동안, 빈곤과 미신이 판치던 오랜 세월 동안 보존할 수 있게 된 것이다. 글은 공통의 유산으로 여러 세대를 묶어 주었으며, 천재들이 굳이 죽지 않아도 되는 '정신의 나라'를 만들어 냈다.

그리고 지금은 글이 세대를 묶어 주듯이 인쇄술이 문명을 묶어 줄 수 있다. 헤아릴 수 없이 퇴폐적인 방법으로 인쇄술이 악용되고 있다 해도 역시 마찬가지다. 이제는 우리 지구가 사라진다고 해서 문명도 반드시 사라질 필요는 없다. 거처를 바꾸면 된다. 모든 나라의 땅은 틀림없이 헤픈 경작자와 부주의한 세입자에게 열매를 내어놓으려 하지 않을 터이니, 아직 누구도 손대지 않은 흙을 지닌 새로운 땅들이 튼튼한 품

종들을 유혹할 것이다. 하지만 문명은 고대의 농노처럼 특정한 땅에 묶인 물질적인 존재가 아니다. 기술적인 지식과 문화적 창작물의 집합체일 뿐이다. 이것을 새로운 경제 중심지로 전해 줄 수 있다면 문명은 죽지 않는다. 그저 새로운 집을 찾아 정착하면 된다. 이 세상에서 불멸을 누릴 자격이 있는 것은 아름다움과 지혜뿐이다. 철학자에게는 고향이 영원해야 한다는 것이 불가결의 요소가 아니다. 그는 고향의 업적이 후세에게 전해져서 인류의 소유물 중 일부가 되는 것만으로 만족할 것이다.

그러니 미래에 대해 안달할 필요가 없다. 우리는 너무 많은 전쟁으로 지쳤다. 이렇게 정신적으로 피곤한 상태에서 우리는 서구 세계의 몰락을 선언하는 슈펭글러의 목소리에 쉽게 귀를 기울인다. 하지만 문명의 탄생과 죽음을 균일한 주기로 배열한 학자들의 주장은 조금 지나치게 정밀하다. 미래가 이런 수학적인 절망에 엉뚱한 장난을 걸 것이라고 확신해도 될 것 같다. 전쟁은 예전에도 있었고, 인류와 문명은 그것을 이기고 살아남았다. 워털루에서 패배한 프랑스는 15년도 채 되지 않아 파리의 모든 다락방이 천재들로 가득 찰 만큼 많은 천재들을 배출했다. 우리의 문명과 문화적 유산이 그때만큼 안전했던 적도 없고, 그때의 절반만큼이라도 풍요로웠던 적도 없다. 우리가 그 유산을 확장하고 전달하는 데 나름

대로 작은 역할을 할 수는 있을 것이다. 그러면서 우리는 세월이 흐르면 그중에서 주로 불순물이 깎여 나가고, 아름답고 가치 있는 것만 남아 후대의 수많은 세대를 밝혀 줄 것이라는 확신을 품을 것이다.

6

세계사의 결정적인 연도 12

역사상 결정적인 연도 열두 가지의 목록을 만든다는 생각을 내가 떠올린 건 마닐라에서 태평양을 건너 미국으로 갈 준비를 하던 때였다. 마침 딱 좋은 순간이었다. 그때 나는 『문명 이야기』 첫 권을 쓰면서 연대 문제로 씨름하고 있었다.

본문에 연대를 포함시킨다면 역사 이야기가 좋은 백과사전만큼 정확하면서도 재미없는 꼴이 되어 버릴 것은 이미 분명히 알고 있었다. 이미 죽어 버린 기록을 살아 있는 이야기로 변신시키려면 이야기의 페이지마다 중요한 연도들을 우글우글 늘어놓는 것 말고 다른 방법이 필요했다. 나는 많은 헛발질과 시행착오를 거친 끝에 모든 연대를 여백과 주로 몰아

넣는 방법을 생각해 냈다. 학교에서 사용하는 역사 교과서 중 일부가 초래하는 고통을 이런 방법이 조금 완화해 줄 것 같기도 했다.

그로부터 몇 년 전에 나는 내 이웃의 하급 학교에서 사용하는 교과서들을 살펴볼 기회가 있었다. 모든 과목 중에서 가장 환상적인 과목이 될 수도 있는 지리 교과서가 특히 지독했다. 죽은 정보를 그저 뭉쳐 놓은 것에 불과했기 때문이다. 그나마도 전쟁으로 인해 거짓이 되거나 가치를 잃은 정보가 많았고, 한 나라의 삶에 대해 피상적인 특징들만 늘어놓은 경우가 많았으며, 동양에 대한 편견으로 우스꽝스럽게 변한 부분도 많았다. 하지만 역사 교과서(베어와 베이글리의 『미국인의 역사(*History of the American People*)』)는 지적인 내용을 알기 쉽게 담고 있었으며, 문명의 진보뿐만 아니라 어처구니없는 정치적 변천도 기술하고 있었다. 탄탄한 학문적 성과를 제시하는 글솜씨도 유쾌하고 예술적이었다. 정말 훌륭한 책이었다.

내가 알기로는 많은 고등학교에서 일반적으로 브레스티드의 『고대(*Ancient Times*)』를 세계사 교과서로 쓰고 있다. 내가 미국의 교과서 중 최고라고 생각하는 책이다. 이 책과 함께 쓰이는, 로빈슨과 비어드의 현대 유럽사 책들도 브레스티드의 책에 비해 아주 조금 뒤떨어질 뿐이다. 이 책들은 역사상 중요한 연대를 남발하지 않는다. 지금까지 연대가 지나치게 중

시되었다는 주장에 동의한다면, 교과서들 중 일부가 이 문제를 잘 피하고 있으며 그런 점에서 어린 학생들이 쓰는 교과서들이 크게 개선되었다는 점도 인정해야 할 것이다.

나는 제자들에게 고작 열두 가지의 연도를 알려 주고 만족할 사람이 아니다. 나는 12가 최적의 숫자라기보다는 최소한의 숫자라고 생각한다. 사람이 얼마나 많은 연대를 알고 있어야 하는지는 당연히 그 사람의 직업 및 목적에 달려 있다. 농부라면 머릿속에 다음 농산물 박람회 날짜만 머릿속에 담고 있어도 자기 일을 훌륭히 해내며 멋진 가정을 꾸릴 수 있겠지만, 행동과는 유리된 채 지적인 일에만 붙들려 있는 사람은 인류의 연대기에 대해 충분한 지식을 갖고 있어야 한다. 이것이 폭넓은 직접 경험을 대신하기에는 조금 역부족이기는 해도, 이런 지식을 통해 철학과 이해에 이르는 역사적 시야를 얻을 수 있다.

이런 사람은 세상을 바꿔 놓은 발명품이 등장한 세기, 또는 화약, 인쇄술, 증기 기관과 전기, 아메리카 대륙 등이 발견된 세기를 반드시 댈 수 있어야 한다.(하지만 반드시 정확한 날짜까지 대야 할 필요는 없다.) 세계의 가장 위대한 정치가들, 예를 들어 함무라비, 모세, 다리우스 1세, 솔론, 페리클레스, 알렉산드로스, 카이사르, 카를 5세, 루이 14세, 표트르 대제, 프리드리히 대왕, 헨리 8세, 엘리자베스 여왕, 디즈레일리, 글래

드스턴, 비스마르크, 카보우르,* 워싱턴, 해밀턴, 제퍼슨, 링컨 같은 사람들이 활약한 세기도, 공자, 소크라테스, 플라톤, 아리스토텔레스, 코페르니쿠스, 프랜시스 베이컨, 아이작 뉴턴, 스피노자, 볼테르, 칸트, 쇼펜하우어, 다윈 같은 세계 최고의 과학자들과 철학자들이 활약한 세기도, 이크나톤,** 노자, 이사야, 부처, 그리스도, 마르쿠스 아우렐리우스, 아우구스티누스, 아시시의 프란체스코, 로욜라, 루터, 간디 같은 세계 최고의 성자들이 활약한 세기도 알고 있어야 한다.

이렇게 지적인 흥미를 지닌 사람들은 또한 호메로스, 시편 작가, 에우리피데스, 베르길리우스, 호라티우스, 이백, 단테, 셰익스피어, 밀턴, 괴테, 푸시킨, 키츠, 바이런, 셸리, 위고, 포, 휘트먼, 타고르 같은 세계 최고의 시인들이 활약한 세기도, 팔레스트리나, 바흐, 헨델, 모차르트, 베토벤, 쇼팽, 리스트, 파가니니, 브람스, 차이콥스키, 베르디, 바그너, 파데레프스키, 스트라빈스키 같은 세계 최고의 음악가들이 활약한 세기도, 카르나크와 룩소르와 피라미드, 페이디아스와 프락시텔레스, 오도자***와 셋슈****와 안도 히로시게,***** 샤르트르와 타지마할, 조토와 뒤러, 레오나르도, 라파엘로, 미켈란젤

---

* 1810~1861, 이탈리아의 정치가.

** 고대 이집트 제18왕조의 왕 아멘호테프 4세. 왕비 네페르티티와 함께 아톤을 유일신으로 신봉했다.

로, 티치아노와 코레조, 엘 그레코와 벨라스케스, 루벤스, 렘브란트, 반다이크, 레이놀즈, 게인즈버러, 터너와 휘슬러, 밀레와 세잔 같은 세계 최고의 예술가들과 예술 작품이 나온 세기도 알고 있어야 한다.

나는 일부러 위대한 산문 작가들의 이름을 언급하지 않았다. 자칫하면 이번 장이 전화번호부나 해외로 수출된 급진주의자들의 명단이나 '꼴사나운 외국인들'의 등록부처럼 보일 것 같았기 때문이다. 독자들이 자기만의 명예의 전당을 만든다면 내게 도움이 될 것이다. 각자 자신이 선정한 사람들의 작품과 그들이 활약한 세기에 대해 자신과 친구들이 얼마나 알고 있는지 조사해 보고(아마 하트셉수트 여왕에서부터 퀴리 부인에 이르기까지 위대한 여성들의 명단 또한 추가해야 할 것이다.) 지능의 순위를 매길 수도 있을 것이다.

하지만 정신적인 사막에 고립되어 있어서 겨우 열두 가지의 연도밖에 지닐 수 없는 사람이라면, 인류 역사에서 가장 중요한 시기로 다음의 연도를 기억하면 될 것 같다. 그러면 이 연도들 주위로 인간의 정신이 이룩한 더 위대한 업적들이 줄줄이 늘어서서 과거의 지식을 더욱 밝혀 주고, 새로운 지

*** 吳道子, 당나라 때의 화가.

**** 雪舟, 15세기에 활동한 일본 수묵화의 완성자.

***** 19세기 일본의 목판화가.

식 또한 쉽게 쌓을 수 있게 해 줄 것이라는 연상이 가능하다. 역사는 다채롭고 어느 시대에든 인간이 벌이는 활동의 모든 측면들이 서로 연결되어 있으므로, 중요한 축의 역할을 하는 사건 주위로 다른 사건들의 사슬이 만들어질 가능성이 있다. 따라서 우리가 제시하는 열두 가지 연도는 그것으로 끝나는 것이 아니다.

1   기원전 4241년 — 이집트 달력의 도입

역사에서 분명하게 확인할 수 있는 가장 오래된 연대인 이 숫자만으로도, 어서 주교처럼 세상이 기원전 4004년에 창조되었다고 믿으며 정통파 신앙을 사납게 고집하는 사람들의 마음을 어지럽히기에 충분하다. 세상이 창조되기 237년 전 나일강 하류 지역에 달력이 존재했다는 이집트 학자들의 증언을 받아들이는 것이 처녀처럼 순수한 정신을 지닌 사람들에게는 충격과 더불어 비료와 같은 역할을 할지도 모른다.

이 달력이 암시하는 바는 무한하다. 먼저 이 달력이 만들어지기 전에 천문학과 수학이 발달했을 것이라는 점을 생각해 보라. 경제 활동에서 한발 물러나 별들의 지도를 그리고, 태양의 경로를 추적할 만큼 여가를 지닌 사람들이 등장할 때까지 얼마나 오랜 세월 동안 문명이 이어졌을지도 생각해 보아야 한다. 우리가 쓰는 달력과 비교해도 이 이집트 달력은 대단히 현명했다. 1년을 30일씩 열두 달로 나누고, 연말에는 5일의 윤일(閏日)을 두어 실컷 먹고 마시게 했다. 이 달력은 3000년에 이르는 이집트 문명의 기록 속에 살아 있다. 이때 이집트에는 질서가 잡힌 정부, 생명과 재산의 안전, 몸의 편안함, 오감을 즐겁게 하는 것들, 정신을 위한 가르침도 함께 존재했다. 최대의 피라미드를 건설한 쿠푸왕도, 카르나크 신전을 건설한 투트모세 3세도, 문자 그대로 노래 하나를 위해 왕국을 팔아넘긴 이크나톤(유일신을 섬기는 찬송가를 만들어서 혁명을 유발했다.)도, (이런 비유를 써도 된다면) 콧대 하나로 안토니우스를 파멸로 이끈 클레오파트라도 이 달력을 따랐다.

2   기원전 543년 — 부처 사망

이만큼 영향력을 발휘한 사람은 아무도 없었던 것 같다. 오늘날 수억 명의 사람들이 불교 신자라고 자처하기 때문만은 아니다. 사실 불교는 부처를 추종하는 종교가 아니라, 그의 이름을 사용할 권리가 없는 전설과 미신의 집합체다. 칼뱅이나 토르케마다*나 테네시의 사나운 그리스도교가 그리스도의 이름을 사용할 권리가 없는 것과 마찬가지다. 하지만 부

---

* 1420~1498, 도미니크회 수도사이며 스페인의 초대 종교 재판소장.

처는 인도를 의미한다. 인도의 정신은 과학보다는 종교에, 행동보다는 명상에, 수학과 화학을 응용해서 대포와 폭탄을 만드는 일보다는 형제와 같은 상냥함에 있기 때문이다.

부처는 인생이 고해(苦海)라고 말했다. 이런 삶을 그나마 견딜 만한 것으로 만들려면 살아 있는 것들을 일절 해치지 않고, 어느 누구에 대해서도 나쁜 말을 하지 않는 방법뿐이다. 오늘날 힌두 정신의 무한한 미신 뒤에 있는 것이 바로 이 소박한 종교이기를 소망하자. 그리고 부처가 살았던 시대를 모든 변천, 모든 불의, 모든 노예제를 경험했으면서도 그 와중에 부처와 아소카에서부터 간디와 타고르에 이르기까지 천재들과 성자들을 낳은 문명의 출발점으로 받아들이자.

3   기원전 478년 — 공자 사망

우리에게 중국을 대표해 줄 상징 같은 것이 필요하다. 중국은 워낙 거대한 나라라서 스스로를 '만천하'라고 지칭하며, 워낙 역사가 오래되어서 지난 4000년 동안 왕들의 행적을 기록으로 남겼다.

나는 공자의 말을 한마디도 빠짐없이 외워야 하는 중국 학생들이 부럽다. 내가 보기에 공자의 말은 구구절절 심오하고 실용적이다. 만약 그의 격언들을 20년 동안 내 기억 속에 새겼다면, 학식 있는 중국인들에게서 언제나 볼 수 있는 영혼의 평정, 소박한 품위, 조용한 이해, 깊이 있는 인격, 무한한 예의가 내 안에도 조금 자리 잡았을지 모른다. 중국의 공자처럼 한 민족의 얼굴과 영혼에 자신의 이름을 새겨 놓은 사람은 없다. 그를 하나의 상징이자 제안으로 받아들이자. 그의 뒤에는 당나라 시인들의 섬세한 서정시, 중국 화가들의 신비로운 풍경화, 중국 도공들이 만든 완벽한 화병, 중국 철학자들의 세속적이고 현세적인 지혜가 버티고 있다. 어쩌면 역사적으로 존재했던 모든 문명 중 가장 위대한 문명이 그의 이름 안에 요약되어 있는 것인지도 모른다.

4   기원전 399년 — 소크라테스 사망

이 사람이 독약에 취해 세상을 떠났을 때, 고대 역사에서 가장 놀라운 시대였던 페리클레스 시대도 끝났다. 하지만 지금 내가 생각하는 것은 철학이 아니다. 소크라테스의 등 뒤에서 나는 그의 친구이자 연인인 알키비아데스, 파괴적인 비극이었던 펠로폰네소스 전쟁을 본다. 학식 있는 고급 기생이었으며, '쇠파리'라고 불리던 늙은 소크라테스가 페리클레스와 함께 발치에 앉았던 아스파시아도 보인다. 페리클레스가 부자들을 주위에 모은 뒤 아테네의 극적인 변화를 위해 재정을 지원해 달라고 설득하는 모습도 보인다. 에우리피데스가 디오니소스 극장에서 연극으로 상을 받으려고 소포클레스와

겨루는 모습도 보인다. 익티노스가 천천히 머리를 굴려 파르
테논의 기둥들 윤곽을 잡는 모습, 페이디아스가 그 신전에 신
들과 영웅들을 장식으로 새기는 모습도 보인다. 젊은 플라톤
이 파나테나이아 제(祭)의 경기에서 상을 타는 모습도 있다.
이 용감하고 다채로운 시대의 수많은 측면들 중 몇 가지를 내
게 일깨워 줄, 역사 속의 정지 점이 필요하다. 이 시대는 역사
상 처음으로 문명 전체가 미신으로부터 스스로 해방되어 과
학, 연극, 민주주의, 자유를 창조해 낸 때다. 그들이 로마와
유럽에 불려준 이 성과들은 우리의 시적 유산과 미적인 유산
의 절반을 차지하고 있다.

5   기원전 44년 ─ 카이사르 사망

프랑스인 텐이 영국인들에게 영문학을 이해시킬 수 있게
도와주었던 덴마크의 비평가 게오르그 브라네스가 세상을
떠나기 몇 년 전, 한 미국인 학생이 그를 찾아왔다가 그가 몹
시 우울해하고 있음을 알게 되었다. "왜 그렇게 슬퍼하세요?"
하고 학생이 물었다. "오늘이 역사상 최대의 실수인 카이사르
의 암살 기념일이라는 걸 모르는가?" 브라네스는 이렇게 대
답했다.

이 늙은 비평가가 자신에게 좀 더 가까운 사건들, 예를 들
면 워털루에서 나폴레옹이 패전한 일을 인류 역사상 최대의

실수로 고를 수도 있었을 것이다. 어쩌면 그가 브루투스의 우둔한 짓이 지닌 의미를 조금 과장한 것 같기도 하다. 어떤 의미에서 우리가 기억하고 싶은 것은 카이사르가 아니라, 그의 죽음 이후에 연달아 이어진 여러 발전상이기 때문이다. 카이사르의 예비 작업을 기반으로 아우구스투스 같은 정치가가 로마의 법과 질서를 재건한 일, 팍스 로마나가 로마에까지 연장되어 예술과 학문이 꽃을 피운 일, 베르길리우스와 호라티우스의 시, 플리니우스와 타키투스의 산문, 에픽테투스와 아우렐리우스의 철학, 하드리아누스와 안토니우스의 자비로운 통치, 건축과 조각으로 포럼과 수도를 아름답게 꾸민 일, 도로 건설, 법전 재정비 등은 로마가 현대인들에게 전해 준 중요한 유산이다. 소크라테스의 죽음으로 아테네의 페리클레스 시대를 요약할 수 있는 것처럼, 카이사르의 죽음은 로마의 황금시대로 통하는 문 역할을 한다.

6 기원전 ? — 그리스도 탄생

이 연도는 독자가 즉흥적으로 정해도 될 것이다. 아무도 정확한 연도를 모르기 때문이다. 우리에게는 이 연도가 무엇보다 중요하다. 서구의 모든 역사를 가르는 분기점이기도 하고, 우리의 가장 위대한 영웅이자 모델이 된 인물이 태어난 해이기도 하고, 이제는 신학의 영역에서 문학의 영역으로 넘어가고 있는 신화와 전설을 제공해 준 시기이기도 하기 때문이다. 또한 오늘날 종점을 향해 가고 있는 것처럼 보이는 그리스도교 시대가 시작된 시점이기도 하다. 우리 이후에는 홍수가 일어날 것이다. 그리스도를 찬양하고 그에게 수치를 주었던 상냥하고 잔인한 신학 이론들을 금세기에 어떤 어수선한 사이비 종교들이 대신할지는 아무도 모른다.

7   서기 632년 — 무함마드 사망

이 연도는 우리 불신자들이 부르는 이름이다. 그의 추종자들은 A.H.10(헤지라* 이후 10년째)이라 부르는 이 해에 무함마드가 세상을 떠났다. 그리고 그가 창시한 종교는 수 세기 동안 카이로에서 모로코에 이르는 북아프리카 전역, 남유럽의 터키와 스페인, 예루살렘과 바그다드에서 테헤란과 델리까지 아시아의 절반을 침략해 지배했다. 그리스도교조차 종교의 이름으로 이토록 많은 전쟁을 벌이지 않았고, 이토록 많은 이교도를 죽이지 않았다.

이런 사소한 점만 제외하면, 그의 종교는 숭고했다. 엄격한 유일신교라서 성상과 사제와 성자 숭배를 거부했으며, 숙명론과 전쟁의 규율을 중심으로 강인한 정신을 길렀다. 코르도

---

* 서기 622년에 무함마드가 메카에서 메디나로 이동한 것.

바, 그라나다, 카이로, 바그다드, 델리에는 위대한 대학과 문화를 세우고, 위대한 지도자(인도의 아크바르)를 세상에 내어놓았으며, 알함브라에서 타지마할에 이르기까지 우아한 건축물로 스페인, 이집트, 콘스탄티노플, 팔레스타인, 인도의 품위를 높여 주었다. 지금은 정치적으로 분할되었는데도 신도 수와 세력이 여전히 증가하고 있다. 인도와 중국에서 시시각각 개종자들이 늘고 있기 때문이다. 미래가 그들의 것이 되지 않으리라고 누구도 장담할 수 없다.

8 1294년 ─ 로저 베이컨 사망

화약의 최초 사용을 기리는 해로 삼기에 딱 좋다. 이 해에 세상을 떠난 반항적인 영국인 수도사 로저 베이컨이 화약 발명에 부분적으로 기여했을 가능성이 있기 때문이다. 세상을 혁명적으로 변화시키고, 모든 경건한 정치가들에게 대안적인 인구 통제 방법을 제공해 준 폭발물을 최초로 확실하게 묘사한 사람이 바로 로저 베이컨이었다. 베이컨은 이렇게 썼다. "자연에서 생성되는 것보다 더 무서운 벼락을 청동으로 터뜨릴 수 있다. 미리 준비한 물질 소량으로 눈부신 빛을 동반한 무시무시한 폭발을 야기한다. 부대 전체나 도시 하나를 파괴할 수 있을 만큼 이 효과를 몇 배로 증폭하는 것도 가능하다."

아주 가능성이 큰 방법이다. 중세 말기 유럽의 신흥 계급인 부르주아들에게 한때 난공불락으로 보이던 성을 멀리서 포격하여 봉건 귀족들을 타도할 수단을 제공해 준 것이 바로 화약이었다. 보병을 기병만큼 중요하게 만들어 준 것도, 전쟁에서 평범한 사람이 새로운 특권을 누리고 혁명에서 새로운 힘을 얻게 해 준 것도 화약이었다. 전쟁을 때로 치명적인 결과를 낳을 수 있는 신사의 게임에서 일종의 표준화된 대량 파괴, 즉 겨우 몇 분 동안의 포격으로 3세기 동안 수많은 예술가들의 노고가 녹아든 작품을 지상에서 제거하는 일로 바꿔 놓은 것도 화약이었다. 어쩌면 이 연도는 인류의 몰락을 묘사한 이야기에서 가장 중요한 것인지도 모르겠다. 비록 일부 냉소주의자들은 생각의 발명, 본능에서 지성이 해방된 것, 그 결과 섹스와 번식이 분리된 것, 그리고 종의 지속이 모든 땅에서 특별히 멍청한 인간들에게만 맡겨진 것이 그보다 훨씬 더 비극적인 사건이었다고 주장할지도 모르지만 말이다.

9 1454년 — 요하네스 구텐베르크의 인쇄소(라인 강변의 마인츠)에서 인쇄 날짜가 찍힌 최초의 인쇄물이 발행되다

독일인들은 이보다 14년 전부터 인쇄에 활자를 사용했다. 중국인들은 무려 서기 1041년부터 이런 방식을 사용했고, 1900년에는 868년에 목판으로 인쇄한 책이 중국에서 발견되었다. 중국에게 새로운 것은 없다. 민주주의는 조금 약했지만. 중국인들은 화약을 발명해서 주로 불꽃놀이에 사용했다. 인쇄술도 발명했지만 타블로이드 신문, 범죄 소설, 프로이트식 전기(傳記)를 찍는 데는 결코 사용하지 않았다.

서구 문명에서 인쇄술은 돈과 소총이 중산층을 해방시키고 기사와 사제의 통치에 종지부를 찍는 데 도움이 되었다. 인쇄술 덕분에 사람들이 성경을 읽을 수 있게 되었고, 이것이 종교 개혁을 낳았다. 인쇄술은 작가가 생각을 전달할 수 있는 사람들의 폭을 엄청나게 넓혀 주었다. 또한 인쇄술의 발명으로 책을 제작하는 작업의 담당자가 수도사에서 인쇄공으로 바뀌고, 책의 후원자도 귀족과 교회에서 평민과 평신도로 바뀌면서 민주주의의 발전과 선전 활동, 자유로운 사고가 가능해졌다.

나폴레옹은 부르봉 왕가가 잉크의 정부 독점을 계속 유지했다면 프랑스 혁명을 막아서 스스로를 보호할 수 있었을지도 모른다고 말했다. 힘을 얻은 중산층은 이 사례를 교훈 삼아 문자 해독 능력을 진실 획득의 장애물로 만들었다. 따라서 오늘날 우리는 인쇄술이 득보다 실이 되는지, 지식과 학문의 성장이 정신을 채워 준 만큼 인격을 약화시켰는지 잘 알 수가 없다. 하지만 인쇄술을 앞으로도 조금 더 시험해 보자!

10 1492년 — 콜럼버스의 아메리카 발견

크리스토퍼 콜럼버스(1451~1506)는 아메리카 대륙을 발견함으로써 이탈리아 르네상스에 종지부를 찍었다. 지중해에서 대서양으로 향하는 무역로가 바뀌면서 스페인이 가장 먼저 부와 권력을 얻어, 벨라스케스와 세르반테스, 무리요와 칼데론이 등장할 수 있었기 때문이다. 그다음에는 영국이 힘을 얻어 셰익스피어, 밀턴, 베이컨, 홉스가 등장할 수 있는 경제적 기반을 닦았고, 그다음에 힘을 얻은 네덜란드는 렘브란트, 스피노자, 루벤스, 반다이크, 호베마, 페르메이르를 낳았다. 그리고 그다음 차례인 프랑스는 라블레와 몽테뉴, 푸생과 클로드 로랭을 낳았다. 1564년에 미켈란젤로가 죽고 셰익스피어가 태어난 것은 이탈리아에서 르네상스가 죽어 영국에서 다시 태어났다는 징조였다. 아메리카 대륙의 발견은 종교개혁 및 베드로 헌금*의 약화와 더불어 역사에서 이탈리아의 역할에 한동안 마침표를 찍는 데 기여했다.

나중에 신세계가 발전하면서 유럽의 상품을 팔 수 있는 광대한 시장과 유럽의 넘치는 인구가 이주할 수 있는 광활한 땅이 열렸다. 이것이 바로 유럽의 부와 힘이 빠르게 성장하고,

---

* 교황청의 재정적 손실을 충당하기 위해 전 세계의 천주교인들이 각 교구에서 자유로이 바치는 헌금. 원래 앵글로색슨 민족이 교황청에 납부한 세금에서 비롯되었으며, 헨리 8세에 의해 폐지되었다가 19세기에 부활되었다.

유럽이 아프리카와 아시아와 오스트레일리아를 정복할 수 있었던 비결이다. 그 뒤 국민 주권과 대중 교육(이 순서가 바뀌었다면 좋았을 텐데!)을 실험한 미국의 역사가 1492년의 이 장엄한 모험 속에 잠재적으로 내재되어 있었다.

11   1769년 ─ 제임스 와트가 증기 엔진을 실용화하다

이 사건이 산업 혁명의 시작이었다. 알렉산드리아의 헤론은 기원전 130년에 증기 기관을 만들었다. 그리고 델라 포르타, 세이버리, 뉴커먼은 각각 1601년, 1698년, 1705년에 더 나은 증기 기관을 만들었다. 하지만 이런 발전의 정점을 찍고 세상을 바꾼 것은 바로 와트(1736~1819)의 작품이었다.

인류 역사에서 가장 근본적인 축이 된 사건은 두 개밖에 없다. 인류가 사냥에서 경작으로 옮겨 가 정착 생활을 하면서 집과 학교를 짓고 문명을 건설하는 계기가 된 농업 혁명, 그리고 산업 혁명. 처음에는 영국에서, 그다음에는 미국과 독일에서, 그다음에는 이탈리아와 프랑스에서, 그다음에는 머나먼 일본에서, 지금은 중국, 소련, 인도에서 헤아릴 수 없이 많은 사람들이 고향과 밭에서 쫓겨나다시피 도시와 공장으로 옮겨 가게 만든 것이 바로 산업 혁명이다. 산업 혁명은 기계의 소유자와 상업의 지배자들에게 귀족과 지주를 뛰어넘는 힘을 부여함으로써 사회와 정부를 바꿔 놓았다. 과학이 설득력 있는 기적을 낳게 하고, 인과 관계와 기계를 많은 사람들의 머릿속에 생각의 기준으로 자리 잡게 함으로써 종교 또한 바꿔 놓았다. 사람들이 본능적으로 적응해서 만족하고 있던 과거의 조상과 가정 중심 생활 대신 신선하고 다양한 자극들을 만들어 내고 반드시 머리를 써서 생각해야 하는 상황을 만들어 냄으로써 사람들의 정신세계를 바꿔 놓았다. 여성들이 가정에서 하던 일을 대신해 주어서 여성들이 공장으로 나갈 수밖에 없는 상황을 만듦으로써 여성들을 바꿔 놓았다. 경제 생활을 복잡하게 만들고, 결혼 연령을 늦추고, 사람들이 접촉할 기회를 크게 늘리고, 여성을 해방시키고, 가정의 규모를 줄이고, 종교와 부모의 권위를 약화시킴으로써 도덕을 바꿔 놓았다. 아름다움을 쓸모에 종속시키고, 대를 이어 내려온 판단 기준과 훈련된 심미안을 지닌 소수의 특권 계급이 아니라 모든 것을 힘과 비용과 크기 면에서 판단하는 대중이 예술가를 휘두르게 함으로써 예술을 바꿔 놓았다.

이 모든 믿을 수 없는 일들이 제임스 와트의 발명품 안에 내재되어 있었다. 뿐만 아니라 자본주의, 사회주의, 그리고 산업화된 나라들이 해외의 시장과 음식이 필요해지면 반드시 나타나는 제국주의, 이런 시장을 확보하기 위해 반드시 벌어지게 마련인 전쟁, 이런 전쟁의 결과로 반드시 나타나는 혁명 역시 그 안에 있었다. 심지어 1차 세계대전, 러시아의 거대한 실험도 산업 혁명의 자연스러운 결과였다. 1769년은 현대라는 시대 전체를 상징한다.

12 1789년 — 프랑스 혁명

프랑스 혁명은 단순한 하나의 사건이 아니라, 수백 년 동안 축적된 경제적, 심리적 조건들이 표출된 정치적 사건으로 보아야 한다. 아마도 이 혁명이 시작된 것은 1543년에 코페르니쿠스가 『천체의 회전에 관하여』를 발표한 때일 것이다. 그때부터 신들의 황혼과 인류의 해방이 시작되었다. 지구는 이제 더 이상 만물의 중심이 아니라 부수적인 존재에 불과했으며, 인류는 자신이 생물계의 막간극에 불과하다는 사실을 억지로 깨달아야 했다. 여기서 한발 더 나아가 생물계는 지질 현상의 막간극(지진을 보면 알 수 있다.)이며, 지질 현상은 천체 현상의 막간극이었다. 이제 인류는 과거와 달리 자신의 힘으로 생각해야 했으므로 사고가 자유롭고 무한해져서 미신과 교회 만능주의를 뚫고 나와 새로운 시대를 맞이했다. 어떤 책의 저자 이름을 따서 명명해도 될 법한 그 시대에 대해 볼테르에게 물었다면, "내게 홀(笏)은 없지만 펜이 있다."라고 말했을지도 모른다.

나는 프랑스 계몽주의에 대해 언제나 놀라움을 금치 못한다. 전체적으로 봤을 때 프랑스 계몽주의는 인류 역사의 최고봉이며, 페리클레스 시대의 그리스나 아우구스투스 시대의 로마나 메디치가가 지배하던 이탈리아보다도 더 위대하다. 일찍이 사람들의 생각이 이때만큼 용감했던 적도, 말솜씨가 이때만큼 눈부셨던 적도, 문화와 예의가 이때만큼 위대한 수준에 도달했던 적도 없다. 루이 16세는 탕플 감옥 안에서 볼테르와 루소의 책들을 앞에 두고 서서 이렇게 말했다. "슬프도다! 이들이 프랑스를 파괴했구나." 그들은 확실히 프랑스를 파괴했으나, 또 다른 프랑스를 해방시켰다. 그들의 추종자인 워싱턴, 프랭클린, 제퍼슨의 손에 미국이 자유로워진 것은 말할 것도 없다.

———————

여기까지가 내가 할 수 있는 최선이다. 여기 멀리 태평양에서, 두 반구와 두 시대 사이에서 동양을 돌아보니 유학자나 힌두 브라만이 내가 꼽은 연도들을 보고 어떤 미소를 지을지 궁금하다. 유학자들은 당나라가 어디로 가 버렸느냐고 내게 정중하게 물을 것이다. 중국 역사에서 프랑스의 계몽주의 시대만큼이나 위대한 시대가 당나라였다고 하면서. 브라만은 아크바르나 아소카왕에 대해 물을 것이다. 이에 대해 내가 대답할 수 있는 말은, 아소카왕과 아크바르가 각각 부처와 무함마드에게 속한다는 것밖에 없다.

나는 모든 목록이 부분적이고 지역적일 수밖에 없다는 것을 알고 있다. 우리 모두 정해진 공간과 시간 안에서 태어나기 때문에, 아무리 애써도 자신을 둘러싼 경계선을 뚫고 탈출하지 못한다. 우리에게 문명은 유럽과 미국이고 동양은 야만적으로 보인다. 하지만 동양인들은 오히려 우리를 야만인으로 생각한다.

따라서 독자들이 내 목록에서 마음에 드는 것을 마음껏 가져다가 자기만의 목록을 만들어도 좋다. 각자 인류의 발전을 명확히 보여 줄 자기만의 시각과 기준을 세우려고 애써 보기 바란다. 그리고 나폴레옹이 세인트헬레나섬에서 아들 라이히슈타트 공작에게 남긴 말을 기억하기 바란다. "내 아들이 역사를 공부하기를. 진정한 심리학이자 진정한 철학은 역사밖에 없으니."

색 인

엮은이 존 리틀(John Little)
작가이자 다큐멘터리 제작자로, 윌 듀런트의 저작물과 개인 서신, 일기, 에세이 일체
를 검토하고 사용할 수 있는 권한을 공식적으로 인정받은 유일한 사람이다.

옮긴이 김승욱
성균관대학교 영문학과를 졸업하고 뉴욕 시립대학교에서 공부했다. 《동아일보》문
화부 기자로 근무했으며 현재는 전문 번역가로 활동하고 있다. 『먼 북으로 가는 좁은
길』, 『스토너』, 『분노의 포도』, 『2001 스페이스 오디세이』, 『그들』, 『왓샵 가문 연대기』,
『모스트 원티드 맨』 등 다수의 작품을 우리말로 옮겼다.

위대한 사상들

1판 1쇄 펴냄 2018년 7월 31일
1판 2쇄 펴냄 2019년 12월 2일

지은이 윌 듀런트
옮긴이 김승욱
발행인 박근섭, 박상준
펴낸곳 (주)민음사

출판등록   1966. 5. 19. (제16-490호)
주소   서울시 강남구 도산대로1길 62
           강남출판문화센터 5층 (06027)
대표전화   02-515-2000 팩시밀리 02-515-2007
www.minumsa.com

한국어 판 ⓒ (주)민음사, 2018. Printed in Seoul, Korea

ISBN 978-89-374-3793-9 (03100)